JUAN XXIII

JUAN XXIII

Vida, cambios y profecías

por Marco Antonio Gómez Pérez

Grupo Editorial Tomo, S.A. de C.V.
Nicolás San Juan 1043
03100 México, D.F.

1a. edición, febrero 2005.

Nicolás San Juan 1043, Col. Del Valle
03100 México, D.F.
Tels. 5575-6615, 5575-8701 y 5575-0186
Fax. 5575-6695
http://www.grupotomo.com.mx
ISBN: 970-666-624-9
Miembro de la Cámara Nacional
de la Industria Editorial No 2961

Proyecto: Marco Antonio Gómez Pérez
Diseño de Portada: Emigdio Guevara
Formación Tipográfica: Servicios Editoriales Aguirre, S.C.
Supervisor de producción: Leonardo Figueroa

Impreso en México - *Printed in Mexico*

Contenido

Introducción

El santo padre

El Papa, obispo de Roma y sucesor de San Pedro, es el principio y fundamento perpetuo y visible de unidad, tanto de los obispos como de la muchedumbre de los fieles.

Lumen gentium, 23

Cada vez que se habla de la vida de los Papas, la gente recuerda muchos nombres de ellos, sobre todo, cuando se trata de aquellos que les han sido contemporáneos o que su fama los ha trascendido después de la muerte, para bien o para mal.

Sin embargo, de entre todos ellos, destaca uno muy especial, quien se atreve a convocar a un Concilio Vaticano, apenas el segundo en los dos mil años de vida de la religión católica cristiana que permite inaugurar una de las décadas del pasado siglo XX más controversiales; la década de los años sesenta, durante la cual se promueven muchos cambios en casi todos los ámbitos de la sociedad, desde los personales hasta los de grupo: ¿su nombre? Angelo Giuseppe Roncalli, conocido años más tarde, de 1958 a 1963 como el Papa Juan XXIII.

En esta obra, amable lectora-lector, encontrarás la narración del ascenso como hombre, ser humano y sacerdote de este singular personaje, tranquilo, apacible, amable, cooperativo, paciente, obediente de las instancias superiores religiosas católicas, soldado, excelente hijo y hermano, campesino, inteligente y sobre todo esto, hijo infatigable y difusor de la obra y palabra de Dios.

Esto y más es Angelo Roncalli, quien aunque nunca aspira a ser Sumo Pontífice, cuando en 1958 es elegido por el colegio Cardenalicio como Vicario de Cristo y Papa, él lo acepta y acata pero a su vez, impone, por el uso de la razón y de su más alta investidura, sus ideas propias y vanguardistas en un Vaticano que, hasta ese momento, ha caído en una inmovilidad que pudo haberle costado la deserción de miles o tal vez millones de fieles fervientes de la fe católica, sin los cambios propuestos por Juan XXIII y culminados por su sucesor, Paulo VI.

Sin embargo, ésta es sólo una parte de su vida, muy importante por cierto, aunque existen otros dos capítulos cuando menos, poco conocidos y hasta se puede decir que ignorados. La pasión desmesurada hacia la Virgen de Fátima desde que ella se aparece, en 1917, a tres pequeños pastores portugueses y les dicta tres secretos a los cuales, solamente pueden tener acceso los Papas en funciones.

Y la historia del Tercer Secreto de Fátima continúa hasta nuestros días, ya que, según la única sobreviviente de esos niños de Portugal, Sor Lucía dos Santos, se debió haber dado a conocer esa tercera predicción a partir de 1960, cuando Juan XXIII es Papa, sin embargo no lo hace y tampoco Paulo VI y mucho menos Juan Pablo Primero, por sus escasos 33 días como Papa.

Por su parte Juan Pablo Segundo lo ha dado a conocer al público, pero los estudiosos de la obra de Fátima no están de acuerdo con la interpretación que se le ha dado y así lo han externado a los medios informativos, quedando dudas y muchas más horas de estudio para tratar de resolver esta incógnita mariana, ya que es de creerse que el mensaje sugiere no sólo un fuerte atentado contra un Papa del futuro sino un destino fatal y catastrófico para la humanidad en su conjunto.

Y la tercera fase en la vida de Angelo Roncalli, es la aparición en 1976, de un libro escrito por el periodista italiano Pier Carpi, quien, después de pasar algunas pruebas de identidad, recibe varios legajos con hojas escritas, supuestamente por Angelo, con profecías que abarcan desde 1935 y hasta el año 2033.

Estas predicciones se obtienen después de que Giuseppe es aceptado en una sociedad secreta que bien puede ser la masonería y la orden de los Rosacruces y en una de esas primeras sesiones en la logia, Giuseppe entra en trance y hablando "con una voz que no es la suya" empieza a hablar de los acontecimientos más destacables del futuro, como las crisis religiosas (incluido el catolicismo), la Segunda guerra mundial, la aparición de Hitler, Mussolini y de otros hechos que la historia ya los ha confirmado.

Pero el inquietante futuro siempre causa temores y miedos en mucha gente y esperanza y felicidad en muy pocos, aunque el tiempo por venir siempre será incierto y muchos creen que, para lo que sirven las profecías finalmente, son para evitar los males futuros del mundo y la humanidad y no para cumplirse inalterablemente.

Así entonces, disfruta de esta obra que tiene todos los elementos de una vida llena de misticismo y audacia. Descubrirás porqué, según las profecías de San Malaquías de hace mil años, se refieren a Juan XXIII como un Papa *Pastor y Navegante*, actividades que empieza a llevar a cabo desde que nace, pero no sólo en el estricto sentido de ser pastor y campesino en su natal Sotto il Monte, en Italia, sino como pastor de hombres, mujeres y niños y sobre todo, como navegante, actividad que desarrolla gracias a sus enormes dotes diplomáticas y reconciliatorias con otras iglesias cristianas y otros credos.

¡Este es Angelo Giuseppe Roncalli y ésta, es su obra!

[illegible] 1973 y hasta el año 2003.

[illegible]

[illegible]

[illegible]

[illegible]

1

Primeros años y adolescencia

El matrimonio formado por Marianna y Battista Roncalli, quienes viven en Sotto il Monte, cerca de Bérgamo, al norte de Italia, está lleno de felicidad, ya que acaban de dar a luz a su tercer hijo, el primer varón después de dos niñas, por lo que el padre, un campesino fuerte y labrador, marca la fecha de este día en su memoria, viernes 25 de noviembre de 1881.

El matrimonio ya sabe que nombre ponerle al recién nacido: Angelo Giuseppe Roncalli por lo que en unos cuantos días lo llevan a bautizar, ya que ellos son muy religiosos y fervientes del catolicismo. En este tiempo, la jerarquía eclesiástica ha ordenado que los recién nacidos sean bautizados lo más rápido posible, ya que las enfermedades infantiles son un azote porque producen un alto índice de mortandad.

Es tanta la alegría del matrimonio Roncalli que el día del bautismo de Angelo se reúnen los familiares y amigos más cercanos para acompañar al feliz padre, quien desde el nacimiento de su primera hija, esperaba al hijo varón, sin que esto signifique que no quiera a sus dos hijas, sólo que el tener a un varón en casa representa que éste será quien ayude a su padre y a la familia a labrar el campo, a conseguir buenas cosechas y a aportar su fuerza y conocimiento, adquiridos con el tiempo.

De entre los familiares del recién nacido, destaca su tío abuelo, de nombre Zaverio, quien es considerado el patriarca de los Roncalli no sólo por ser un hombre bonachón y buena persona, sino por su sabiduría, por lo tanto, lo que él resuelve, es considerado como la última y más justa palabra y lo que desea para Angelo es un simple y profético: *"Que sea un buen cristiano"*

Angelo Giuseppe Roncalli, contrario a la tendencia de la época de finales del siglo XIX, es un niño muy sano, rodeado de una muy fuerte creencia católica y a pesar de su escasa alimentación, la vida saludable en el campo y un hogar lleno de amor le van dando forma a su espíritu y a su carácter, ya que las carencias materiales lo educan para disfrutar de todo lo que tiene, de entretenerse con los objetos más simples y de ganarse el pan ayudando a su orgulloso padre en las labores del campo.

Este es el ambiente en el que se forma el alma y carácter del futuro líder mundial de todos los católicos, llegan a ser ¡trece hermanos! en la familia, pero lo que les falta en lo material, lo tienen de sobra en el verdadero y gran amor entre sus padres y de estos para con sus hijos y como buenos católicos, ellos siempre dicen: *No nos preocupamos del mañana para lograr llevar alimento a nuestro hogar, ya que nunca nos ha faltado y cada mañana, al levantarnos, lo primero que hacemos es dar gracias a Dios por el nuevo día para vivir y porque él nos proveerá la necesario para alimentarnos y pasarla lo mejor posible.*

Pero el alimento, principalmente, les llega porque Battista y Marianna se empeñan durante casi todo el día en trabajar la tierra y en batallar para conseguir el sustento diario; no lo esperan del cielo, sino que lo trabajan para que les llegue, tan es así, que cuando Angelo cumple seis años, sus padres adquieren una casa y una porción de tierra para labrarla y eso es un enorme paso hacia adelante, ellos trabajan el hoy para mejorar el mañana.

Aunque no desaparecen las carencias, el sólo hecho de estar más cómodos en una casa más grande y de trabajar la

tierra de ellos y para ellos, les da una enorme felicidad, son pobres pero con una vida plena de amor, serena y llena de planes para el porvenir. No hay pan, carne ni vino en la mesa más que en muy pocas ocasiones, como los días de Pascua y en Navidad, cuando todos disfrutan mucho del poco vino dulce que se obtiene.

Por supuesto, la ropa y zapatos, mientras se puedan remendar y arreglar son heredados de los hermanos mayores a los menores y la mejor ropa se reserva para acudir a la iglesia a escuchar la misa obligatoria de los domingos y si por azares del destino aparece un pobre en la casa pidiendo algo de caridad, es sentado a la mesa junto con toda la familia y es convidado con los alimentos que todos consumen, nunca nadie es alejado de la casa sin haber recibido algo para su cuerpo y alma y ésta, es la verdadera caridad cristiana que muchos años después promoverá desde el Vaticano el futuro *Pastor y Navegante*.

Los hermanos Roncalli trabajan desde el mismo momento en que pueden sostenerse por su propio pie, empezando por las labores más sencillas del hogar y posteriormente en el campo, desde luego teniendo cuidado que la actividad no sea superior a sus fuerzas.

El jefe de la familia Roncalli, Battista, aunque no vislumbra otro futuro para su familia que las labores del campo, no pone ningún obstáculo para que Angelo acuda a la escuela o más bien a un primer curso en la casa de Camaitino, en el pueblo, cerca de la plaza. Es una mísera escuela en la que se dan por igual los conocimientos, regaños y golpes propios de la época de finales del siglo XIX, ya que si algo no es asimilado, el castigo, mínimo, es un fuerte jalón de orejas, de esos que dejan adolorida la parte afectada durante muchos días.

Pero esta parte de su vida no es mala ni mucho menos, ya que siendo tan sensible, Angelo aprende rápido, habiendo dos grandes influencias que marcarán su obra algunos años después: las muchas festividades de las capillas y ermitas que se llevan a cabo durante todo el año para festejar los diferentes nombres de la virgen y las historias sacras de su tío abuelo Zaverio, quien pasa a ser su primer formador en la práctica religiosa, de la que resultará muy pronto y espontáneamente, su vocación sacerdotal.

No puede ser de otro modo, las historias del tío Zaverio sobre poesía, historia sagrada, vidas de santos, pasajes de héroes y otros, impresionan enteramente el alma infantil de Angelo y de estas narraciones aprende el enorme valor de llevar siempre en la vida: fe, caridad y abnegación. Así, sin darse cuenta, el pequeño está seguro de que, en el futuro inmediato, quiere dedicarse total y definitivamente a Dios a través del sacerdocio, no importa si tiene seis u ocho años, él ya sabe cuál es su camino y no se alejará jamás de ese sendero.

Don Battista, su padre, al ver la decisión de su pequeño hijo, no se opone del todo, aunque desea que esos dos brazos lo acompañen cada mañana a hacer brotar vida de la tierra, pero es convencido cuando el infante recita con todo cariño un poema dedicado a la virgen:

Cuán suave es para el corazón tu nombre, ¡oh María!
Toda la dulzura mía de ese nombre tuyo me viene.
Qué bella idea de amor de ese nombre tuyo aprendí,
qué bellos deseos encendidos me están despertando el alma.

Versos como estos convencen definitivamente a Don Battista de que Angelo es un ser privilegiado y elegido para ser siervo de Dios. No importa que no lo ayude en el campo hay otros hijos y otros brazos dispuestos a hacerlo, ya que piensa: "¿Quién soy yo para oponerme a esta fe, sencilla y limpia?, ¡Dios ante todo!"

A los nueve años, Angelo Giuseppe y su inseparable amigo Pierino Donizetti están a punto de ingresar a la instrucción secundaria y aunque esto complica la economía familiar, una vez más, sus padres no se oponen, aunque por una extraña razón no lo llevan a la escuela de la localidad sino que todos los días, Angelo y su amigo Donizetti caminan ¡doce kilómetros! que es la distancia de ida y regreso de la casa a la escuela y viceversa, pero ninguno de los dos se queja, ni por la enorme distancia recorrida diariamente, ni por las inclemencias del tiempo, ya sea mucho calor, lluvia o hielo, a pesar de que ¡ninguno usa zapatos, sino que caminan descalzos!, una dura prueba de resistencia física y de fe, lo que, por otro lado, los hace dos infantes muy sanos y fuertes.

Pasan algunos años y a los once, Angelo termina la instrucción secundaria y el único camino que le queda es ingresar a la institución religiosa más cercana, ya que no hay de otra, es el seminario asentado en la ciudad de Bérgamo, un paraíso terrenal para quienes siempre han vivido en el campo y no conocen el enorme movimiento de una gran ciudad como esta, ya que es el centro social, cultural y religioso más connotado del norte de Italia.

Sin embargo, su madre sabe que Angelo no puede estudiar tan lejos sin contar con dinero, por lo que decide hacer una "colecta" entre los familiares pobres y los más pobres de los Roncalli y aunque este árbol genealógico es muy grande, Marianna logra reunir la "fabulosa cantidad de ¡dos liras!"

Sin embargo, con estas dos liras, Giuseppe se va a Bérgamo, sabiendo que toda la familia contribuyó para lograr reunir ese "gran tesoro" pero que no es el de las monedas, sino el que guarda en el alma y corazón agradecidos del joven porque lo impulsan a seguir su camino trazado casi desde que nace, el sacerdocio.

La vida en un seminario de esa época no es nada fácil y sí muy rigorista en todos los aspectos: fríos y reducidos aposentos, escasa comida, levantarse a las 5:30 de la mañana en verano y una gran concesión, a las 6:00 horas en invierno, mucho trabajo y estudio, muy poca diversión y distracción pero eso sí, una enorme fe en lo divino que crece día con día.

Con esta forma de vida y la recibida durante su infancia, Angelo se ha formado fuerte y lleno de salud, con un temperamento tranquilo, mente equilibrada, lograda gracias a una vida familiar y campirana feliz. Dedica muchas horas al estudio, incluso después de terminada la instrucción teológica, lee todo lo que está a su alcance y esto hace que Manzoni se fije en él y se vuelva una especie de protector.

Su alegría por lo que hace y es en la vida, lo refleja en todas sus acciones, ya que sabe que está en el camino correcto y directo para llegar hasta Dios y dedicarle cada segundo de su vida, a difundir la obra de su Maestro y guía: Jesús.

A los casi catorce años va por primera vez a Sotto il Monte con su vestidura de seminarista y esto desconcierta a toda la familia, ya que, siendo todos tan religiosamente católicos, ¡no se atreven a verlo a los ojos ni a tutearlo ya que les produce un respeto que casi llega a la idolatría, en ese momento Battista y Marianna, sus padres, saben que Angelo Giuseppe Roncalli ha dejado de ser su hijo para pasar a ser uno de los privilegiados elegidos de Dios mismo.

Pero Angelo, durante el tiempo en que está con su familia, goza de las labores del campo, de las del hogar, de platicar con sus padres, hermanos y amigos, de disfrutarlos y sentir la alegría en todo lo que hacen, el amor al terruño y a la familia es tan grande como la de ser sacerdote.

A los 19 años termina sus estudios en Bérgamo, es el año 1900 y los superiores del seminario lo consideran una verdadera promesa para la iglesia católica y la labor de evangelización, por esto se gana a pulso el derecho de continuar sus estudios, ni más ni menos que ¡en Roma!, la cuna de los sacerdotes destinados a los más altos designios terrenales y espirituales, aunque esto lo sorprende, porque el sólo desea ser un sacerdote que regrese a su pueblo a predicar la palabra del Señor, a quedarse entre la gente de Sotto il Monte, que son humildes campesinos, como él, pero su destino no es ese, el de aconsejar y guiar a los campesinos de su comunidad, sino a los millones de católicos que hay por todo el mundo.

En la "cárcel" de Roma

A simple vista, en la mente de Angelo Roncalli, aparece la imagen de Roma, simiente de la religión católica, como una especie de paraíso en la tierra, pero dentro de este edén está un infierno llamado *Apolinar*, que es el seminario donde él terminará sus estudios religiosos, ya que este sitio es lo más parecido a una cárcel de mala muerte, totalmente austero, nada cómodo ni mucho menos en nada parecido a la vida en familia de su niñez.

Sin embargo, Angelo, mostrando cada día su respeto hacia la institución religiosa, acepta la rigurosa disciplina del seminario *Apolinar*, la enfermiza humedad de sus paredes, lo altísimo de los techos, la estrechez de su celda y la semioscuridad de la misma, apenas filtrada por un tímido rayo de sol que desaparece pronto al transcurrir la mañana.

Una gran ventaja del *Apolinar*, es que sus maestros destacan por sus conocimientos, sabiduría y virtudes, aunque con el tremendo defecto de haber sido formados en instituciones como ésta, ya que son muy toscos, adustos, intolerantes en cuanto a la disciplina del seminario y el ambiente, lamentablemente para el catolicismo, entre lo tenebroso del *Apolinar* y la rigidez de vida, provoca que muchos abandonen sus estudios religiosos, algunos por no soportar tanto rigor y otros por enfermedades muy difíciles de sanar.

Afortunadamente para la jerarquía católica, el temperamento de Angelo Giuseppe es mucho más fuerte y soporta esto y mucho más, aunque tenga que estudiar en la misma Isla del Diablo, siempre ve y vive la parte positiva de la vida diaria, aprovecha al máximo a sus clases y maestros, entre los que destaca el profesor Eugenio Pacelli de la materia de Derecho Canónico, quien años más tarde se convertirá en el muy famoso Papa Pío XII, quien será el líder de los católicos durante los años 1939 a 1958 y curiosamente, el sucesor de este Papa, será, ni más ni menos, que su alumno más destacado: Angelo Giuseppe Roncalli.

Al empezar el segundo mes del nuevo siglo XX, es decir, en 1901, Angelo ya ha visitado casi toda la ciudad de Roma en sus paseos, una de las pocas distracciones que tiene y que él goza a lo máximo, desde luego, su lugar favorito es la Plaza de San Pedro, antesala de la entrada al edificio del Vaticano, sin embargo, una de las mayores impresiones favorables que tiene y que escribe en su *Diario del Alma*, es la visita a las catatumbas de San Calixto, Angelo se estremece al estar allí, siente que la historia lo atropella con sus leyendas, afianza aún más, si esto es posible, su fe cristiana y desde ese momento, saborea el manjar más dulce que ha recibido desde que está en Roma.

Tiene visiones de cómo eran las ceremonias de los primeros cristianos, los ve caminar lentamente y sumidos en un misticismo silencioso y llenos de fe en el nuevo redentor. A Angelo no le importan las cavernas húmedas y oscuras, eso pasa a un término sin importancia, está extasiado con lo que su imaginación le permite ver, incluso sentir, se identifica con cada uno de ellos, virtualmente cree observar en la semioscuridad a los apóstoles, los Papas fallecidos y a muchos neocristianos que fueron la base sólida de lo que es el catolicismo iniciado el siglo XX.

Después de cada visita a este lugar, al salir al aire y a la luz, Angelo respira profundamente, como queriendo llevar no sólo aire a sus pulmones sino también la luz del sol brillante, está lleno de optimismo, comprensión, fe y sobre todo, de mucho amor hacia la humanidad, a esa gran obra de Dios que es la tierra y todo lo que contiene ésta y si él es capaz de mirarlo, disfrutarlo y gozarlo, entonces, no le hace falta nada, esta completo y feliz y alza sus brazos al cielo para agradecerle a la trinidad estos momentos intensos de gozo, a Dios Padre, Hijo y al Espíritu Santo.

La disciplina y en ocasiones los abusos de profesores y compañeros de estudios de Angelo, no son suficientemente importantes para él como para abandonar el seminario y dejar tirada la misión por la que está en este mundo, la de convertirse en sacerdote, regresar a Bérgamo y Sotto il Monte para apoyar cristianamente a sus semejantes, por lo que las palabras fracaso, odio, rencor y deserción no están en su vocabulario.

En el seminario *Apolinar* está estrictamente prohibido leer periódicos o revistas, incluso, esta censura llega al mismo *L'Oservatore Romano*, impreso editado por el Vaticano y de vez en cuando, algún profesor se conduele de los seminaristas y les comenta los acontecimientos más importantes, a ese grado de aislamiento llegan los rectores de este instituto religioso.

Y esta situación se agrava cuando la autoridad italiana ordena el reclutamiento de Angelo para el servicio militar obligatorio. Esta situación viene desde que el Papa Pío IX (Giovanni María Mastai Ferreti) se enterca en la resolución de la llamada "Cuestión Romana" y que en su contenido está estipulado, gracias al plebiscito de 1861, que el territorio romano queda incorporado al reino de Italia.

En este decreto real, se reconoce la posesión del Vaticano al pontífice, de San Juan de Letrán y de Castel Gandolfo (actual lugar de descanso de los Papas), pero Pío IX se niega a reconocer lo que considera una usurpación, excomulga a sus adversarios y se recluye en el Vaticano proclamándose prisionero.

Con todo esto, absolutamente todos los ciudadanos italianos deben cumplir su servicio militar y Angelo está incluido en él. Es reclutado antes de cumplir un año en el *Apolinar*. Una vez más, él sabe sacar provecho de lo positivo de las acciones que no puede controlar y como es un soldado voluntario, elige la unidad 73 del regimiento, con guarnición en Bérgamo y con esto, está muy cerca de sus familiares y amigos de la infancia.

A diferencia de otros seminaristas y sacerdotes también reclutados militarmente, Angelo se adapta casi de inmediato a la disciplina militar, ¡tal vez un poco menos rígida que la del seminario!, por lo que hace los ejercicios que le ordenan, convive fraternalmente con sus compañeros de regimiento y comparte con ellos muchas de sus inquietudes, a lo que sí se opone terminantemente y se niega a acompañarlos, es el de irse de libertinaje cuando hay días de licencia.

Es más, se siente tan bien con esta nueva actividad, que su bigote crece y crece hasta llegar a cubrirle la boca. Los días de licencia los pasa con su familia y amigos de toda la vida en Sotto il Monte, estas "vacaciones" otorgadas por el gobierno italiano le caen muy bien a Giuseppe para reflexionar no acerca de su vocación elegida desde la infancia, sino de que debe regresar al seminario *Apolinar* para terminar sus estudios religiosos, ordenarse sacerdote y dedicarle su vida a los campesinos que tanto ama y que lleva en su sangre.

El regreso al seminario es muy simple, retoma a la disciplina del instituto, a su rutina de levantarse muy temprano, a rezar y a estudiar con más ganas cada día, su experiencia militar le permite entender un poco más a la humanidad, no a justificar sus tremendos errores que han provocado, provocan y provocarán, cientos, miles y millones de muertos por dejar el campo libre a los cuatro jinetes del apocalipsis: enfermedades, guerras, hambre y muerte, sino a tratar de remediarlos, de darles solución y esto se mete en su cabeza para no salir nunca más de allí.

Para junio de 1903, fallece en Roma el Papa León XIII y esto es seguido con mucho interés por Angelo, ya que siente un especial atractivo hacia a quién elegirá el Colegio Cardenalicio como sucesor del difunto Pontífice y aunque tarda mucho en decidirlo, por fin el humo blanco sale hacia el cielo anunciando al siguiente Vicario de Cristo: Giuseppe... Sarto quien guarda varias similitudes con el mismo Angelo, empezando por el segundo nombre de este, Giuseppe, además, hizo sus estudios primarios caminando muchos kilómetros de su casa a la escuela y viceversa, es gente del pueblo, campesino, muy sonriente, amable, apacible y muy suave al hablar, ¡no pueden haber mayores coincidencias!

Y de no ser porque Angelo aún es seminarista, cualquiera puede decir que se está describiendo al mismo Angelo. Giuseppe Sarto decide llamarse Pío X por la gran admiración que tiene por el anterior a él. Angelo ya lo ama por el simple hecho de ser el máximo jerarca de la iglesia católica, por ser el sucesor de Pedro y estos, son dos motivos más que suficientes para él.

Ordenado sacerdote

Exactamente un año después de la muerte del Papa León XIII, Angelo Giuseppe Roncalli, casi sin darse cuenta, está a un paso de ordenarse sacerdote, la meta se vislumbra ¡por fin!, aunque para él, el tiempo ha dejado de tener importancia, se concentra en lo que tiene que hacer y espera pacientemente a que Dios sea quien marque los lapsos.

Desde luego que está extremadamente preparado para el sacerdocio, pero no deja de aislarse para llevar a cabo ejercicios espirituales previos, para que encuentre la confirmación de su fe y profesión, si es que esto es necesario en Angelo, para que, por si existe la más leve duda e indecisión, actúe conforme a su conciencia. Este aislamiento espiritual lo lleva a cabo hasta los primeros días de agosto en la Casa de Santos Juan y Pablo en Monte Celio, administrada por los pasionistas.

En su nueva celda para encontrarse a sí mismo y a Dios, puede observar las maravillas que son para él el Coliseo Romano, San Juan de Letrán y la Vía Piadosa y cuando está en el jardín, mira extasiado el Palatino y el Celio, con los monumentos cristianos que las hacen más hermosas y a cada nuevo golpe de vista, su corazón y espíritu se llenan de gozo, ya que siente que, como sacerdote, dará mucho más de sí que si hubiera elegido cualquier otra profesión, está decidido, se ordenará sacerdote, con el favor de Dios.

El martes 9 de agosto, un día antes de su ordenación sacerdotal, solicita al sacerdote Luigi del Rosario que lo acompañe a un recorrido lleno de devoción por los alrededores de Roma. Empiezan por la basílica de San Juan de Letrán, donde Angelo reza durante mucho tiempo, extasiado, ido, procurando que sus rezos lleguen lo más rápido posible a Dios; después van a la *Escala Santa*, en donde , supuestamente, es la misma escalera de Jerusalén donde Jesucristo sufrió muchas humillaciones, por esta razón, Giuseppe la recorre de rodillas, inaugurando una costumbre que se lleva a cabo en la actualidad. Luego visitan San Pablo Extramuros y nuevamente hay comunión entre el casi neosacerdote y la divinidad, por fin, él sabe que lo que ocurrirá al día siguiente lo marcará para siempre no sólo a él sino a todos los católicos del mundo, aunque no sabe aún exactamente el porqué.

Al amanecer del día de San Lorenzo, es decir, del miércoles 10 de agosto de 1904, la esperada fecha de ordenación sacerdotal de Angelo Giuseppe Roncalli, despierta casi sin haber podido dormir, contrario a su costumbre y desde que amanece, él no pronuncia ninguna palabra y esto es totalmente comprendido por el sacerdote y vicerrector del *Apolinar*, Domenico Spolverini, quien va por él para que juntos, acudan a la iglesia donde se llevará a cabo la ordenación.

Los dos van en silencio pero coinciden en la oración para que la nueva actividad sacerdotal sea útil para los humanos y agradable y servicial al mismo Dios. Llegan al templo de Santa María en Monte Santo, una de las dos iglesias gemelas de estilo barroco situadas en la *Plaza del Pueblo*, en donde son esperados por monseñor Ceppetelli, obispo que consagrará a Angelo como sacerdote.

Dentro del templo, el silencio es impresionante, pero lo es más el ver como Angelo Roncalli camina totalmente aislado de lo que hay a su alrededor, apenas tiene conciencia de los ritos que tiene que llevar a cabo. Nada lo distrae, ni el hecho de que su amorosa familia no está en el templo sino en el campo de Sotto il Monte y aunque no pueden acudir a este acto tan importante en la vida de todos los familiares de Giuseppe, por la simple y sencilla razón de que no tienen dinero para costear el viaje y el hospedaje, él lo sabe y no hay el más leve resentimiento sino al contrario, mucho amor por y para ellos.

Así transcurre la ceremonia de ordenación sacerdotal de Angelo y poco antes de terminar la misa, aún en éxtasis, alza la vista hacia el altar y allí descubre una imagen de la Virgen que no conoce y mientras hace el juramento de eterna fidelidad al superior prelado ordinario, aprecia que la misma virgen le sonríe infundiéndole una sensación de dulce tranquilidad espiritual, de generosidad y de seguridad, como si le dijera que está contenta y que lo protegerá siempre, comunicándole en su espíritu una oleada de paz dulcísima que nunca olvidará. Así lo escribe en su *Diario del Alma* y para él, es una señal divina de confirmación de su fe, por si no es suficiente la que trae desde niño.

De regreso al seminario *Apolinar*, también es acompañado por Domenico Spolverini, el lugar está vacío porque es cuando los seminaristas salen al campo, no hay fiesta, ni agasajo y si mucha tranquilidad, la que necesita Angelo para continuar con sus oraciones y una vez más, el tiempo deja de tener importancia, rezará hasta que "canse a dios" y a su cuerpo.

Después, escribe algunas cartas, la primera está dirigida al obispo de Bérgamo, monseñor Gaetano Camilo Guindani. La segunda y muy extensa es para sus amados padres, explicándoles todo lo sucedido ese día, tan especial para toda la familia Roncalli y antes de finalizar el día, recorre muchos templos y capillas que más adora, "platica" con San Felipe, San Ignacio de Loyola, San Juan Bautista de Rossi, San Luis Gonzaga, San Juan Berchmans, Santa Catalina de Siena, San Camilo de Lelis y varios más.

Primera misa

Aún extasiado por su mística visión de la Virgen, Angelo duerme profundamente y despierta al día siguiente, el jueves 11 de agosto ya ordenado como sacerdote católico. Se prepara para celebrar su primera misa y que será, ni más ni menos, que en San Pedro y precisamente en su cripta, más felicidad y "suerte" no puede experimentar el neopárroco. Contempla las impresionantes estatuas de mármol y bronce colocadas en la gran basílica, las mira tratando de descubrir en ellas, también, un signo de aprobación para la celebración del rito eclesiástico y él así lo percibe, sólo mira rostros dulces y sonrientes y percibe en el ambiente una gran confianza y valor para empezar la celebración de la misa.

Para esta ocasión, Giuseppe es acompañado por un pequeño grupo de amigos y algunos seminaristas del *Apolinar*. Con gran aplomo y como si lo hubiera hecho durante años, él lleva a cabo la misa en latín (como se acostumbra en esta época) y todos están muy satisfechos al final.

Pero no son todas las sorpresas del día, ya que monseñor Spolverini se hace acompañar del nuevo sacerdote católico ¡a una audiencia con el mismo papa Pío X en el Vaticano! El Sumo Pontífice tiene la costumbre de saludar a todos los presentes haciéndoles un breve comentario y cuando está frente al monseñor y Angelo, éste se arrodilla sin poder alzar la vista, entonces, Spolverini presenta a Angelo con el papa y le comenta:

—Santo Padre. Él es un nuevo sacerdote de Bérgamo quien ha estudiado con nosotros en el *Apolinar* y esta mañana ha celebrado su primera misa.

El Papa lo mira muy sonriente y Angelo siente que la sangre se le agolpa en el cerebro por tanta emoción y apenas alcanza a escuchar la pregunta de Pío X.

—¿De dónde eres?

—De Sotto il Monte. ¡Un pueblo sumamente pequeño y hermoso!

Es evidente que el Papa quiere platicar más con Angelo pero el formulismo y el poco tiempo que tiene para la audiencia, hace que los monseñores que siempre lo acompañan, le soliciten al Papa que continúe su recorrido, con el fin de iniciar formalmente la junta.

Pero la tranquilidad y paz de Pío X no se alteran en lo más mínimo y nuevamente se dirige a Giuseppe.

—¡Muy bien, muy bien, hijo mío! Me agrada el paso que has dado y rezaré al Señor para que, en especial, bendiga tus buenos propósitos y seas verdaderamente un sacerdote según te dicte tu corazón. También bendiga todas tus demás intenciones y a todas las personas que se alegran contigo en estos días.

Casi impulsado por los otros monseñores acompañantes, el Papa saluda al siguiente invitado a la audiencia y de repente, regresa frente a Angelo y le pregunta.

—¿Cuándo regresas a tu casa?

—El día de la Asunción, Santidad. Contesta Angelo.

—¡Oh, que gran fiesta! ¡Qué gran fiesta en aquel pueblecito y aquellas bellas campanas de Bérgamo, cómo sonarán ese hermoso día...! Exclama el Pontífice y se aleja como si escuchara las campanas de Bérgamo que tanto le gustan.

El mismo miércoles 12 de agosto, Roncalli celebra una misa en la villa del seminario en Roccantica en conmemoración por la ordenación de él y ahora sí, lo acompañan todos los hermanos superiores, los amigos, los seminaristas, aprovechando el resto del día para convivir alegremente.

El viernes 14 de agosto llega hasta Milán donde celebra jubiloso una misa sobre la tumba de San Carlos Borromeo, ya que es uno de sus santos predilectos y como corolario a su nueva posición dentro del clero católico, el sábado 15 de agosto, día y fiesta de la Asunción en Bérgamo, celebra una misa en el pueblo y entonces, por fin, puede ver y abrazar a padres, hermanos, familiares, amigos y vecinos de su amado terruño, Sotto il Monte.

Es tal la alegría que todos sienten, que las famosas campanas suenan alegremente y con mucha fuerza, como queriendo hacer llegar su sonido hasta los oídos de Pío X, para, dulcemente, distraerlo un poco de sus muchas actividades y de su aceptado encierro en el Vaticano.

Al final de la misa celebrada por Angelo Giuseppe, todos lo abrazan y felicitan y quienes más lo conocen, no dejan de hacerles "bromas" diciéndole que de ahora en adelante, su labor servirá para ¡llegar a ser Papa!, broma que él rechaza de inmediato, no sintiéndose digno de tan alta investidura.

La "buena suerte" no lo abandona

Angelo disfruta de varios días de descanso en Sotto il Monte al lado de su familia, recordando sus años de la infancia y de lo feliz que vivió allí en compañía de padres y hermanos, principalmente. Pero la vida continúa y regresa al seminario del *Apolinar*, ahora para ejercer el cargo de profesor adjunto, que, aunque no es de su agrado, él es muy disciplinado y acepta el cargo sin dudar.

Pronto, después de unos cuantos meses de su inicio como sacerdote, monseñor Guindani, obispo de Bérgamo, fallece y es importante ocupar esa vacante casi inmediatamente, dada su importancia, pero no lo puede hacer cualquiera, sino que debe ser alguien que destaque por sus acciones y pensamientos, alguien que sea especial y estos requisitos sólo los cubre uno: Giacomo Maria Radini-Tedeschi, quien a pesar de ser Conde, ha abandonado riqueza, poder y comodidades para dedicarse al sacerdocio y su enorme cultura es una de sus mejores "armas" para ser el candidato ideal y poder ocupar el obispado de Bérgamo.

Giacomo se desempeña espléndidamente bien en misiones delicadas y difíciles a nivel diplomático, siendo un sacerdote callado y muy eficiente. En definitiva, una pieza fundamental en la política eclesiástica, tan es así, que el Papa

León XIII no lo nombró nunca al episcopado para no prescindir de sus valiosos servicios. Sin embargo, Pío X si reconoce en su totalidad su valía y aunque sabe que dejará un hueco muy difícil de llenar, lo asciende a la diócesis de Bérgamo.

Un hombre con la inteligencia de Radini-Tadeschi sabe que para su importante labor, necesita de alguien que lo auxilie como secretario, que sea capaz, inteligente, muy trabajador, que aguante su ritmo de cada día y por si es poco, que sea de Bérgamo para que su labor sea más ligera.

Y al comentar esta imperiosa necesidad con monseñor Domenico Spolverini, éste le explica a Giacomo que él sabe quién es esa persona tan especial y necesaria: "Angelo Giuseppe Roncalli. Es inteligente y disciplinado, muy fuerte y trabajador cual más. Estoy seguro que te será de mucha utilidad, si te decides por él, porque aunque es de Bérgamo hasta la punta de sus cabellos, se ha llenado tanto de nuestro espíritu que resulta ser el más romanizado de todos".

Y como es de esperar, ante esta recomendación, Radini solicita de inmediato: "¡Por favor, envíamelo cuanto antes!"

Una vez tomada la decisión, nada hace al conde sacerdote cambiarla, durante muchos años ha aprendido a tomar y actuar en cuanto el pensamiento concibe la idea.

Es por esta razón que Angelo descubre en Radini-Tadeschi, al mejor Maestro que puede haberle sido asignado, ya que posee las cualidades de tener celo pastoral a toda prueba, gran previsor de los hechos futuros, mucha discreción, tacto y habilidad humana para tratar a sus congéneres y al paso de los años, el nuevo sacerdote descubrirá y se empapará de la diplomacia que no sólo es la de un Estado cualquiera sino además, combinarla con la del clero católico-político y esto será de mucha utilidad para el futuro prometedor que aguarda a Angelo Roncalli.

Desde el primer minuto que Giuseppe está bajo las órdenes de Giacomo María, su vida se torna en una vorágine constante, en un ir y venir que casi no tiene descanso, pero en su interior, él siente una enorme satisfacción por su nuevo cargo, aprende rápidamente todos los secretos de la diplomacia, aunque sigue teniendo mucha dificultad para poder hablar y dominar a un público o audiencia expectante de lo que el sacerdote pueda decir, por eso, cuando tienen que predicar por primera vez, trata de eludir esta responsabilidad pero no le es posible, Radini-Tedeschi no lo permite y le da un sabio consejo: "Toma la *Imitación de Cristo*, abre el libro en donde quiera y sin mirar la página y comenta sobre ello, tal y como te salga del alma y corazón".

Y así lo hace, aunque con algunos titubeos, pero logra salir adelante aunque sin lograr dominar su pánico escénico. Tan es así, que, en 1906, cuando tiene que predicar en el templo de Bérgamo por primer vez, se siente incómodo porque ahora los fieles asistentes no le son desconocidos, son familiares cercanos y amigos queridos de toda la vida.

Un laico acompaña al predicador en la ceremonia religiosa y este se llama Manzù, (padre de quien años más tarde se convertirá en un famoso escultor autodidacta italiano, Giacomo Manzù) este personaje le infunde mucho respeto y admiración a Angelo, pero no es suficiente para evitar los titubeos y algunos silencios en lo que ordena sus palabras y pensamientos y sobre todo ¡por la pesada losa de tener que hablar durante casi una hora en el momento del sermón!, que esa es la costumbre de la época.

Y la angustia crece a cada nueva palabra que sale de la boca de Roncalli, quien observa a los fieles del templo y no nota absolutamente nada de impacto en ellos, esto provoca nuevos titubeos y silencios y está tan absorto en su disertación, que casi no se da cuenta de que, de la parte baja, alguien le da un tirón en la sotana, pero no hace el menor caso, continúa hablando y al poco tiempo, nuevamente otro jalón de sotana y así, hasta que el último tirón casi lo hace agacharse y perder el equilibrio, ahora sí voltea hacia las escaleras que dan acceso al púlpito y es, ni más ni menos, que Manzù, quien está acostado a los pies de la escalerilla en donde no es posible verlo más que por el sacerdote y una vez lograda la atención de éste, el seglar le dice: "¡Muy bien, ánimo don Angelo, va muy bien, siga así y todos escucharan con atención lo que les diga".

Esta intervención es crucial, ya que Giuseppe vuelve a tomar confianza y se adueña de la situación al dominarla totalmente. Comenta después que "Una mano amiga tendida, puede hacer milagros para quien tiene duda y en mí, así fue".

Al paso de los años, Angelo Giuseppe Roncalli adquiere, por fin, seguridad y dominio de sí, fruto de su preparación intelectual y de la exigente vida espiritual. Tan es así, que cuando se separan Roncalli y Radini-Tedeschi, el primero ayuda y participa en la misa que lo consagra episcopalmente, que es la misma que, por primera vez, oficia el Papa Pío X y teniendo como marco, la mismísima Capilla Sixtina y en un acto tan importante como este, están presentes, cardenales, monseñores, diplomáticos, nobles y políticos por mencionar a los más sobresalientes.

Esta vez, Angelo está muy atento y concentrado en todos los movimientos del Papa y él es el encargado de colocar sobre el obispo, el libro de los evangelios, simbolizando la sumisión que caracterizará su ministerio.

Hay un momento muy especial que no pasa inadvertido a Angelo, cuando, al finalizar la ceremonia religiosa, el Papa abraza efusivamente a Radini-Tedeschi haciendo evidente que le murmura algo en el oído, el rostro del monseñor se ilumina e irradia felicidad y alegría y guarda hasta los últimos días de su muerte lo que Pío X le dijo: "El día que muera, iré a buscarte y estaremos juntos y para siempre en el paraíso".

Angelo tiene oportunidad de salir por primera vez de Italia cuando Radini hace una peregrinación a Lourdes, Ars y Paray-le-Monay, en Francia, en donde establecen relaciones y contactos con los dirigentes de Acción Católica de ese país e intercambia experiencias para lograr mejoras en las dos partes.

Antes de que Radini se haga cargo de su diócesis trabaja muy duro y casi sin descanso, haciendo que los demás lo sigan a su ritmo y Giuseppe no es la excepción, al contrario, le gusta acostarse totalmente fatigado y esperando que llegue el nuevo día para empezar otra vez su nada rutinaria vida.

Nuevo palacio episcopal

Después de muchos años de no hacer la más mínima reparación al Palacio Episcopal, éste se ha convertido en un vetusto edificio empeorado por su fealdad interior, mal orientado y sumamente incómodo para llevar a cabo ninguna labor religiosa y ni que decir de la propia catedral por lo que, sin demora, Radini-Tedeschi, gracias al apoyo del Papa, consigue restaurar las construcciones y darles a los restos de sus antecesores, enterrados allí, un lugar digno para el descanso eterno. Pero la mirada está puesta en la construcción de un nuevo Palacio Episcopal y en más templos, monasterios y escuelas, obras que lleva a buen término.

Angelo tiene una enorme responsabilidad como secretario del obispo de Bérgamo y además, se da tiempo para impartir clases de Historia de la Iglesia Católica. Es el año de 1906 y Roncalli tiene a sus alumnos muy entretenidos escuchando sus relatos que, más que explicarlos, los vive y hace que quienes lo escuchen lo hagan también y aunque para esa época hacer este tipo de tratamiento pedagógico es mal visto, él no hace caso, incluso, se atreve a contar anécdotas, a ser poco serio en el sentido de no ser solemne y acartonado y sobre todo, a contar chascarrillos, conservando la atención del alumnado y sobre todo, que ellos capten todo con facilidad.

Aunque Angelo no se separa del obispo, por lo cual es llamado "La Sombra", se da tiempo para sus labores e inquietudes individuales y cuando Radini sale de Bérgamo a lugares cercanos y él no lo acompaña, se dedica a examinar los archivos de la arquidiócesis. Un buen día, descubre treinta y siete manuscritos originales de la visita de uno de sus santos preferidos a la diócesis de Bérgamo, se trata, ni más ni menos, que de San Carlos Borromeo, cardenal arzobispo de Milán y que Angelo considera de suma importancia religiosa.

Lo comenta con monseñor Radini-Tedeschi y comparte su opinión de que es preciso publicarlos, aunque sólo después de obtener la opinión de prefecto de la Biblioteca Ambrosiana, monseñor Achille Ratti, viejo y muy querido amigo del obispo de Bérgamo, considerado como una auténtica autoridad en material bibliográfico.

Esto no le causa ninguna gracia a Giuseppe, porque prejuzga que tal vez no considere importante el material que para él es muy valioso. Pero no hay remedio, se presenta ante Ratti quien escucha pacientemente la exposición de Roncalli y al final, le dice que es necesario que revise los manuscritos y sólo entonces podrá darle una opinión.

Decepcionado, Angelo cree que esos escritos volverán a dormir el sueño de los justos, debido a la enorme cantidad de trabajo del prefecto y a que tiene muchos libros que revisar, enviados por personajes importantes dentro del clero católico, entonces, ¿cómo revisar tantos textos enviados por un sacerdote nuevo y que es la sombra de un obispo?

Pero esa es una forma de prejuzgar sin fundamento del sacerdote Roncalli, ya que al cabo de unos días, monseñor Ratti habla con Angelo para decirle que él, personalmente, ha revisado el material que le llevó y que considera pertinente su publicación, aunque no de todo el material sino de lo que él ha seleccionado.

La alegría de Giuseppe es inmensa y lo comenta con Radini-Tedeschi, quien también lo impulsa y ayuda a que ese material se haga público a través de un trabajo editorial.

Enemigos de Angelo

Al paso de algunos años, Angelo Giuseppe se consolida como sacerdote y como el mejor secretario que puede tener alguien, en este caso del obispo Giacomo Radini-Tedeschi, pero sus inquietudes lo llevan a empezar a ganarse enemigos, débiles y poderosos, ya que para él, la libertad de pensamiento sigue teniendo prioridad, aunque no para estar por encima de las leyes, sobre todo eclesiásticas.

Todo empieza cuando Angelo colabora en un periódico que no es grato a algunas personas ultraconservadoras dentro del Vaticano. Esta publicación se llama *Unidad Católica* y es editado en Florencia. Posteriormente, en uno de sus artículos en dicho periódico, comenta su extrañeza de que uno de sus mejores libros de consulta para impartir sus clases en el seminario, *Historia de la Iglesia Antigua*, de Duchesne, sea criticada porque "está infiltrada con ideas modernistas, contrarias a las viejas y obsoletas que promueve la iglesia católica en la primera década del siglo XX".

Incluso, Giuseppe, en el boletín de la diócesis de Bérgamo, se pregunta, sin obtener respuesta, sobre las razones para incluir ese libro de Duchesne en el famoso "Índice o Index" para prohibirlo en su lectura y más en su utilización y consulta, esto él no lo entiende, ya que comenta que "cómo es posible que este libro sea prohibido cuando hasta ese entonces, la misma iglesia católica recomendaba ampliamente".

Esa es la gota que derrama el vaso y Giuseppe es llamado con urgencia para que acuda al Vaticano, a la sede del "Santo Oficio", en donde es reconvenido y amonestado con mucho cuidado pero si con energía, es una llamada de atención como la que da un padre a un hijo que ha cometido alguna falta. Desde luego que Angelo acepta la reconvención, gracias a su humildad y está dispuesto a acatar las órdenes de sus superiores.

Pero, para esa época, ya se ha ganado muchos enemigos y ahora está en el ojo y mira de quienes no desean que avance más en su labor religiosa y cualquier palabra diferente, alguna mala entonación o algún reproche o la más leve crítica hacia sus congéneres, es anotada y enviada al "Santo Oficio" o inquisición, incluso, llegando al ridículo de presentar como "prueba irrefutable de la desviación pastoral" de Roncalli, una postal que le es enviada por un viejo amigo suyo clasificado de "modernista". Eso sí, estos acusadores siempre tienen el cuidado de actuar en la sombra, en lo oscuro, para no descubrirse, es por esto que estas tontas acusaciones se conocen muchos años después, cuando incluso el mismo Angelo ya ha fallecido.

Pasan algunos años, es 1914 y la salud del obispo de Bérgamo, Giacomo Radini-Tedeschi empieza a sufrir los estragos de tanta actividad y por la edad, esto preocupa mucho a Angelo porque se ha cimentado una amistad muy fuerte entre ellos y una forma de trabajo incansable y de muchos logros, pero el obispo ya no puede abarcar tanto por su precaria salud, por esta razón, empieza a descargar, cada vez más, las responsabilidades sobre Giuseppe, quien lo acepta y trabaja aún más para no defraudar a su estimado obispo y amigo.

Pero el cáncer ya ha empezado a minar en serio la salud de Radini y los médicos, lo único que pueden recetarle, es que descanse alejado de la ciudad, de ser posible en las montañas, pero el obispo no es fácil de engañar, regresa a Bérgamo para ser operado casi de urgencia y lo que descubren los doctores es que la temible enfermedad ha invadido casi todo el cuerpo de Radini y el fatal desenlace es ya inminente.

Cada mañana, Angelo se presenta ante Radini-Tedeschi para darle aliento, pero saben que la ciencia ya no puede hacer nada y el obispo le dice a su secretario: "Agradezco a los doctores que han hecho todo lo que ellos han podido por aliviarme, pero ahora, este asunto es solamente entre Dios y yo".

Desde luego que Angelo trata de pasar el mayor tiempo posible al lado del obispo, animándolo, sobre todo, porque Giacomo cree que su vida no ha sido suficientemente activa en pro de la iglesia católica, que pudo haber hecho mucho más y no lo logró, por esto le dice: "Señor obispo, debe confiarse a la misericordia de Dios, no es nuestro trabajo lo que cuenta, sino su gracia. ¡No piense más en lo que pudo hacer!, eso no es importante ahora, sino solamente hágalo pensando en que, solamente el Señor salva las almas".

Primera Guerra Mundial

Por esos días, el domingo 28 de junio de 1914, es asesinado en Sarajevo Francisco Fernando, heredero a la corona de Austria, la tensión mundial está al máximo, algunas potencias quieren y desean que se abra el frente de batalla y el Papa Pío X entabla una de las luchas más desesperadas para evitar una guerra de proporciones nunca imaginadas. Es en estos días en que más se extraña la importantísima labor diplomática de monseñor Giacomo Radini-Tedeschi, pero él ya no puede hacer nada más que esperar su muerte.

Lamentablemente, los países que desean el conflicto bélico ganan y estalla la Primera Guerra Mundial, la que inaugura el siglo XX y que lo marcará por ser uno de los más conflictivos y belicosos en la historia de la humanidad.

Los inútiles esfuerzos de los pacifistas y del propio Papa provocan que Pío X muera lleno de decepción el jueves 20 de agosto de 1914. Esta noticia acelera el proceso de descomposición de la salud de Giacomo Radini-Tedeschi, ya que la amistad de muchos años que lo unió al Papa, le marca el final también para él y es en este momento en que recuerda las palabras de su queridísimo amigo y líder de la grey católica, cuando le dijo que ambos gozarán del paraíso, incluso, el obispo escucha la voz del fallecido Papa quien le dice que pronto se verán de nuevo.

Monseñor Giacomo sabe que está viviendo sus últimos minutos y está con una lucidez característica de quienes están cerca de la muerte, ofrenda su vida para que la paz regrese pronto al mundo y en lo particular, anima a Angelo Roncalli a continuar su importante labor diplomática diciéndole: "¡Hay que lograr la paz, sobre todas las cosas, Don Angelo!"

El monseñor y obispo de Bérgamo, Giacomo Radini-Tedeschi, muere, dejando en Angelo la inquietud de entender las sinrazones de quienes pelean por conseguir más tierra y riquezas a costa de sacrificar a millones de humanos, entre soldados y civiles, exaltados por falsos nacionalismos e ideas mentirosas sobre la "grandeza" que deben alcanzar las naciones poderosas, del por qué escuchar el canto de las sirenas que sólo conduce a más destrucción.

Sin embargo, en ese preciso momento en que llega la muerte, Angelo Giuseppe Roncalli alza la vista al cielo y suplica a Dios: "¡Recibe, Señor, el alma de uno de tus mejores siervos, la de Don Giacomo!"

Nuevamente reclutado

Al paso de algún tiempo, Angelo tiene que reorganizar su vida, ahora es más sosegada, aunque intranquila por los sucesos bélicos que afectan al mundo, pero decide dedicarle más tiempo a sus clases en el seminario y a llevar a cabo una labor más personal, de más acercamiento con la gente y a dejar de viajar para poder lograr sus metas inmediatas.

Solamente que Dios y el destino no lo dejan llevar una vida más reposada, ya que la guerra se ha recrudecido y los diferentes frentes bélicos requieren de más y más soldados, por esta razón, Giuseppe es llamado nuevamente al servicio militar y el lunes 24 de mayo de 1915 se incorpora al servicio militar activo, concretamente en el cuerpo de sanidad.

Giuseppe no teme a la muerte, sabe que al estar en el frente de batalla, una bala perdida o mal intencionada puede provocársela, pero no es lo más importante para él, no lo inquieta porque sabe que si fallece será ayudando y auxiliando a sus semejantes, que finalmente, esa es su labor pastoral.

Desde su llegada al regimiento, Angelo es reclutado con el grado de sargento y tiene su sede en Bérgamo, este hecho puede considerarse prodigioso o divino, pero no lo salva de ver los destrozos de la guerra y de cómo se exterminan los seres humanos, cómo destruyen miles de hogares, cómo dejan estéril el campo, él, que tanto lo ama, sus ojos no pueden creer el deprimente espectáculo de los desechos de barcos, llenos de cadáveres, soldados mutilados, heridos levemente o de gravedad pero invariablemente, todos con estragos psicológicos, mismos que les evitará regresar a sus hogares, los que puedan, sanos mentalmente.

Las escenas de guerra se convierten, día con día, en las más brutales y devastadoras, muchos soldados no saben aún por qué tienen que matar a sus iguales y no por el simple hecho de estar al otro lado del frente de batalla, el por qué tener que cambiar su psicología de la vida, tranquila, apacible, sin molestar a nadie y ayudando a los demás, a una en la que o matan o mueren y contra eso, aún en el inicio del siglo XXI, no hay medicina ni doctores capaces de curar a nadie.

Angelo, en su calidad de enfermero, no sólo ve las heridas superficiales de los combatientes, sino también, como sacerdote, las del alma, las del espíritu que poco a poco van minando y royendo las entrañas, él mira todo ese sufrimiento y lo siente en carne propia, les habla, los consuela y alienta, pero lamentablemente, muchos de ellos regresan con nuevas heridas o incluso, ya muertos y esto es casi insoportable para Giuseppe, quien ruega y suplica a Dios que esa barbarie termine y aunque él aún no lo sabe, faltan algunos años más para lograr ese fin.

Las fuerzas del mal se han apoderado, en primer lugar, de los líderes de los países beligerantes y de quienes apoyan esta desastrosa guerra mundial, después, al fragor de la batalla, cuando los soldados miran cómo mueren o son mutilados sus compañeros de batalla, también son atrapados por el rencor hacia un enemigo que antes no tenía cara ni cuerpo de soldado, ahora si se sabe quién es el enemigo, se pelea contra él aunque se siga sin comprender cómo empezó todo.

También resulta incomprensible para Angelo el tratar de hablarles a los soldados sobre el evangelio, si él mismo no entiende los "designios de Dios", el por qué permite que los humanos sean lobos de ellos mismos, aunque no son tiempos de poner en duda la fe, sino al contrario, de ayudar a los combatientes y sobre todo, de escucharlos, al hacerlo, ellos disipan mucho de ese rencor que han acumulado en el frente.

Por eso, prefiere el respetuoso silencio, el de actuar sin decir nada, demostrando que las palabras son más hirientes, en muchas ocasiones, que las guerras, razón por la que él hace que cada auxilio que da, sea uno especial para quien está atendiendo, sabe que el trato personalizado da buenos resultados, aliviando las maltratadas almas de los combatientes.

Pero no puede ocultar su verdadera labor, la de ser pastor de hombres, por eso, cuando siente que las almas están receptivas, les habla como humanos, como personas que son y esto, realmente alivia a muchos de ellos, en lo físico y en lo espiritual, lamentablemente no es bien asimilado por todos y a otros, definitivamente, el rencor los ha cegado y están dispuestos a seguir peleando y matando y en cada nuevo homicidio, su sed de sangre no se agota sino que se renueva ya que han sido atrapados por el rencor de los dirigentes de naciones que permiten que sus gobernados, convertidos en soldados de la muerte, traten de exterminar al "enemigo", aunque con el paso del tiempo el combate, ya la causa de la guerra se ha hecho a un lado, ahora se trata de matar por matar y esto, aún con su enorme fe en Dios y en Jesucristo, quien sufrió él solo lo que muchos soldados, sigue sin ser comprendido por Angelo.

Así pasan dos años desde el inicio de la guerra, es marzo y se da la orden en la que se promueve a los capellanes reclutados al grado de tenientes, esto permite a Giuseppe tener el tiempo suficiente para continuar, aunque en forma parcial, impartiendo sus clases en el semidestruido seminario de Bérgamo y él puede vestir su adorada sotana negra en la que se distinguen, invariablemente, las barras de su nuevo cargo como soldado.

Pero este pesar de atender soldados en su terruño, no es nada comparado con lo que el destino le tiene reservado aún. Es el tercer año de guerra, está en 1917 e Italia está siendo derrotada por las fuerzas enemigas, es necesario que acudan más soldados al frente, sin importar grados ni profesiones, por lo que Angelo está a punto de conocer los horrores del conflicto bélico mundial directamente, ya no sólo por referencias de los soldados sino vivirlo en carne propia.

Ahí, Roncalli tienen "mucho trabajo", ya que atiende a los soldados heridos, entierra y absuelve a los muertos, cada día termina lleno de la sangre de sus congéneres, lamenta los fallecimientos causados al "enemigo", quienes, finalmente, también son humanos e hijos de dios, las balas parecen esquivarlo, aunque pasan muy cerca de él, escucha insultos, blasfemias, herejías, pero también ruegos, oraciones al Señor.

A veces son tantos los heridos que piden ayuda que es imposible atenderlos a todos, es más, constantemente arriesga la vida a cada momento, por tan sólo caminar unos cuan tos metros más allá de lo permitido por los oficiales del ejército italiano.

Su vida es lo de menos, pero el fuego del enemigo, (continúa sin saber quién y por qué tiene enemigos) no logran herir su cuerpo, él es un hombre fuerte y robusto y esto le permite dar un extra para auxiliar a cuanto ser humano puede y necesita de ello.

Fin de la guerra y el nacimiento de un nuevo Angelo

Cuando el lunes 11 de noviembre de 1918 se firma el armisticio y se impide, en papel, que Alemania no resurja más militarizada, agresiva y revanchista, se da por finalizado el primer conflicto armado mundial del siglo XX, Angelo sabe sacarle jugo a la situación tan especial que le tocó vivir en el frente de batalla, ya que redescubre un nuevo ser humano, lleno de defectos y también de virtudes, lo que le permite aceptarlos como son y por lo que son, ya no prejuzga, sino que antes analiza y decide qué hacer con su relación humana y cómo será de ahora en adelante.

Este conocimiento y reconocimiento de la especie humana, de los que lloran, ríen, sufren, imponen, aplastan, perseveran, aportan, destruyen, consuelan, hieren, matan; los negros, blancos, rojos, amarillos, morenos, altos, bajos, medianos, en fin, todas las características físicas, psíquicas y orgánicas, le son de mucha utilidad a Giuseppe, inclusive, le servirá muchísimo este conocimiento durante el resto de su vida, pero principalmente, durante los últimos cinco de ellos, cuando ocupe el cargo más alto y digno de la grey católica.

Precisamente, por ese tiempo, el ejército le paga unos cuantos miles de liras por su servicio prestado a la nación y aunque no es mucho, si es, inicialmente, suficiente para echar a andar una de sus mejores ideas para orientar y canalizar la inquietud natural de la juventud, tan lastimada por la reciente lucha bélica: El Club de los Estudiantes.

Giuseppe, sin tardanza, renta el viejo y vetusto Palacio de Marenzi, lo arregla lo mejor posible para que sea la sede temporal y permanente de jóvenes estudiantes deseosos de ampliar sus conocimientos, de olvidarse de la guerra y sus temibles consecuencias y para lograrlo, qué mejor que apoyarlos en sus deseos de superación, del alcance de grandes metas.

Aunque el palacio Marenzi está muy lejos de ser el mejor lugar para vivir, se compensa ampliamente con la jovialidad, alegría y disposición de Angelo para con los estudiantes, en él, ellos siempre encuentran el conocimiento, la comprensión, simpatía y hasta la broma oportuna para lograr que el saber llegue a todos. Una pedagogía adelantada a su época, en donde cada cual es un ser pensante y humano, logrando que el aprendizaje sea recíprocamente, de Maestro a alumnos y de éstos al mentor, de ahí, la enorme aceptación de ese Club para Estudiantes.

Sin embargo, los efectos de la guerra mundial no terminan con el fin de los enfrentamientos, sino más bien, logran una pausa de unos años, porque en Alemania, un austríaco joven e intrépido, marcado por la Primera Guerra Mundial, casi héroe de su país, está en una etapa de preparación para ser un anticristo, tal vez no esperado tan pronto pero si muy temido. En tanto en Italia, otro joven con nombre de un prominente personaje de la historia de México y el emperador de Japón, juntos, harán que el eje RO(ma)BER(LÍN) TO(kIO) regrese al mundo a un conflicto armado más largo, sanguinario y perturbador que el vivido entre 1914 al 1918; ¿sus nombres?: Adolf Hitler, Benito Mussolini e Hirohito.

Aunque a principio de la década de los años veinte del siglo XX, nadie da un centavo por estos personajes, será lamentado profundamente casi veinte años después. Mientras tanto, el mundo está convulsionado, los actuales dirigentes desean evitar más guerras mundiales, por lo que se crea la Liga de las Naciones (antecedente de la ONU) e Italia, en este caso, después de ser casi devastada, quiere resurgir a su muy antigua grandeza, por eso, quienes exaltan el patriotismo y las ideas de grandeza, son escuchados, ¿quién no lo haría si todos los sueños han sido derribados?

El mundo de entonces tiene que resolver situaciones urgentes, como la reconstrucción de los países afectados por la guerra, el tratamiento psicológico de los que lograron sobrevivir a ella y la inicial división del mundo en dos bloques, ya que la consolidación como país marxista-socialista de la naciente Unión de Repúblicas Socialistas soviéticas, con sede en Moscú, de la capital rusa, es vista como una amenaza para el mundo capitalista, así, surge la división del planeta en Capitalista (primer mundo), Socialista (segundo), Subdesarrollado (tercero) y los de extrema pobreza (cuarto).

Esto preocupa profundamente al Vaticano, pero no acaba por decidirse sobre qué rumbo tomar y a quién apoyar y es aquí donde la sabiduría y experiencia de Angelo Roncalli hace mucha falta.

El trabajo que le encomienda la jerarquía católica es mucho, apenas si tiene tiempo de impartir sus clases y de acompañar a sus alumnos y platicar con ellos, por lo que, para que el tiempo le alcance, duerme solamente cuatro horas al día, cuando puede hacerlo y su trabajo es rápido y eficiente, así lo siente él, porque ese es su espíritu de servicio, dar mucho, lo mejor que se tiene sin esperar el más mínimo pago, para Angelo esto es un gran privilegio y qué mejor que corresponder trabajando con más ahínco y dedicación.

Sin embargo, aunque Giuseppe no lo sabe, su efectividad y diplomacia, pese a seguir bajo la lupa del Santo Oficio, empieza a ser observada también, minuciosamente, por los altos prelados del catolicismo, tan es así, que la querida Bérgamo es elegida sede del primer Congreso Eucarístico Internacional, después del conflicto armado mundial.

La espléndida organización del evento, que no omite ningún detalle, sobre todo a nivel humano, el excelente discurso sobre "La Eucaristía y Nuestra Señora", que retoma las ideas y actividades del conde Radini-Tadeschi, todo esto, hecho por Angelo Roncalli, le abre otras puertas, unas a las que él no quiere traspasar, su humildad es más grande que cualquier cargo de mayor rango del que tiene y disfruta. El nuevo obispo de Bérgamo conoce la trayectoria de Giuseppe y lo nombra director espiritual del seminario, complementando sus actividades como profesor y director del Club de los Estudiantes.

Pero el destino no está dispuesto a dejar irlo, en el Vaticano, llama la atención por su gran poder de organización y diplomacia, es una persona sencilla y muy valiosa como para dejarla en el pintoresco pueblo de Bérgamo sin aprovechar sus extraordinarias dotes, por lo que, casi inmediatamente después de concluido el Congreso, es llamado por el cardenal Van Rossum para ser nombrado presidente del Consejo Central de Italia de la Obra Pontificia de la Propagación de la Fe. Este largo título no lo es más de la capacidad de Angelo y aunque él no desea dejar Bérgamo, ante todo es un tipo disciplinado y obediente de lo que sus superiores le marcan y así, Giuseppe tiene que trasladarse al mismo Vaticano, donde seguirá siendo observado, pero ahora no sólo por el Santo Oficio sino por todos los que rodean al Papa Benedicto XV.

Como era costumbre en el conde Radini, también el nuevo Papa tiene una gran amistad con Angelo y por supuesto, conoce su estupendo trabajo y humildad, por lo que su nuevo cargo no sorprende a nadie, aunque al mismo Giuseppe lo ubica en el lugar donde no quiere estar, ya que conoce la parte interna de los habitantes del Vaticano, sabe que hay gente con las mejores intenciones de ayudar desinteresadamente con las labores pastorales y administrativas, pero también de otras personas que buscan llegar a lo más alto posible, actuando de la forma más baja y esto es lo que Angelo quiere evitar a toda costa.

Delicada misión

La nueva responsabilidad de Angelo Roncalli es tan importante que el mismo Papa lo atiende y le explica que debe viajar mucho, hacer contactos con gente que puede provocar problemas a nivel diplomático, convencer a presidentes, primeros ministros, reyes y militares para que los sacerdotes católicos puedan llevar a cabo su tarea de evangelización de las poblaciones de varios países en los cuales no hay una simiente fuerte ni una grey de fieles al Vaticano.

Ahora es tiempo de aplicar todos sus conocimientos diplomáticos, de relaciones humanas de alto nivel aplicadas responsablemente, con mucho tacto y delicadeza, debe tejer lo más fino posible para evitar cualquier posible brote de violencia y causar la muerte de personas inocentes.

Esta nueva y revitalizadora experiencia, le será muy útil a Angelo, porque ahora conocerá a los seres humanos en su medio ambiente, lejos de las armas y del campo de batalla, matando gente a la que ni conoce, por lo que él está más que dispuesto, primero por disciplina y después por conocimiento, a llevar a cabo esta importantísima labor de avanzada para que sus hermanos sacerdotes lleguen a países a los que, hasta este día, no han tenido acceso.

Todo lo aprendido con Giacomo Radini-Tedeschi y lo propio, estará en juego en una nueva misión evangelizadoramente diplomática y en todo el Vaticano no existe nadie mejor que Angelo para hacerlo posible.

Nuevo Papa nuevas responsabilidades

Durante varios años Giuseppe da muestras y ejemplos de cómo se debe llevar a cabo una labor diplomática misionera, hasta que en enero de 1922, después de casi años de pontificado, muere Benedicto XV, la reunión del cónclave cardenalicio examina detenidamente a cada candidato a ocupar la máxima responsabilidad dentro del catolicismo, hasta que el humo blanco indica a los miles de fieles expectantes en la Plaza de San Pedro y se exclama desde el balcón principal del Vaticano: *Habemus Papa*, es decir: "Tenemos Papa".

El experimentado bibliotecario, Achille Ratti es el nuevo Papa y adopta el nombre de Pío XI, este personaje conoce perfectamente bien a Angelo Roncalli, ya que él lo asistió y apoyó cuando estaba enfrascado en la investigación histórica sobre San Jorge de Borromeo y en reconocimiento a su calidad extraordinaria de diplomático, el nuevo Sumo Pontífice lo conserva a su lado para que él sea quien se encargue de llevar a cabo sus iniciativas e ideas, sin importar los enormes obstáculos que hay que vencer, Angelo sabe la importancia de su labor y por obediencia, aunada al conocimiento, Giuseppe resuelve todos los problemas.

Para que su tarea misionera sea más efectiva, Angelo ya es llamado monseñor y lo que durante 100 años fue una labor misionera de la Sociedad para la Propagación de la Fe, fundada en Lyon, Francia, ahora es absorbida en su totalidad desde Roma y por Roncalli, quien, lejos de sentirse político, profesional o alto funcionario, sigue siendo un hombre con una enorme fe en sus creencias religiosas y sobre todo, en Dios.

Por si estas responsabilidades no son suficientes y por si su vida no es lo ampliamente agitada, Giuseppe recibe en su casa a un anciano enfermo y sin ningún familiar que lo atienda, se trata del antiguo rector del seminario *Apolinar*, monseñor Vicenzo Bugarini, quien vive con Angelo y es atendido por él humanamente, como a un padre, hasta su muerte, que ocurre en 1924. En verdad que la generosidad de Angelo es enorme y aunque, en razón de sus responsabilidad y por la cercanía con la que trabaja junto a Pío XI, también es objeto de críticas pero además, ahora, también del reconocimiento de sus enemigos.

El Papa proclama al año 1925 como "Santo", por lo que es preciso y necesario un gran poder de convocatoria y organización para que Roma sea la sede más grande del mundo de miles, (tal vez millones) de peregrinos que estarán en la ciudad del Vaticano, por lo que también es necesario proveerlos de muchos servicios, hospedaje, servicios diversos y asistencia médica.

Por supuesto que en el Vaticano sólo hay una persona con las dotes y conocimientos suficientes para organizar un evento de esa magnitud: Angelo Giuseppe Roncalli, quien, una vez resueltos los problemas más severos y teniendo todo preparado, se da tiempo para dar clases de Patrística en el Seminario Romano, ubicado en la Cercanía de San Juan de Letrán, que sustituye al viejo *Apolinar* y tiene el nombre de "Ateneo Pontificio Lateranense". Otra responsabilidad que Angelo sabrá sacar adelante con mucha fe y entusiasmo y eso sí, con conocimiento.

Sin embargo, no deja de lado una de sus mayores satisfacciones la de seguir a Jesús en una de sus actividades que más recompensas ofrece al "Dejar que los niños se acerquen a mí", es decir, la enseñanza del catecismo a los niños, esta tarea en verdad que la disfruta mucho, ya que le permite ser el Giuseppe bonachón, sencillo, humilde de siempre, goza mucho con las ocurrencias de los infantes, no quiere que estos pequeños sufran de desamor y él se los da a manos llenas, se siente satisfecho con lograr que aprenden sencillamente el catecismo y arrancarles sonrisas en cada sesión.

Angelo, obispo

Y quien bien sirve, servirá para toda la vida y este es el caso de Angelo. En ese mismo "Año Santo" de 1925, monseñor Eugene Tisserant, prelado y erudito francés que labora en el Vaticano, recomienda que sea nombrado un visitador apostólico para Bulgaria, ya que él así lo cree necesario, después de visitar ese país. Inmediatamente, Pío XI piensa en Angelo Roncalli para esa misión especial, aunque existen dos "pequeños inconvenientes" que el Papa los resuelve inmediatamente.

Debido a que Giuseppe no ha acudido a la Pontificia Academia de los Nobles Eclesiásticos, especial para la formación de diplomáticos católicos de carrera, esto le impide aceptar el cargo, pero Pío XI no hace caso a tal "ley de derecho consuetudinario", ya que sabe que si debe acudir a dicha academia, será para impartir clases y no como estudiante. El primer obstáculo está salvado por instrucción directa del Pontífice.

El segundo, es que Roncalli debe ser ascendido y nombrado Obispo, por lo que el cardenal Pietro Gasparri es el encargado de comunicárselo y de organizar tan importante evento en la vida de Angelo.

Él decide que sea en el templo de San Carlos y el día de San José, ¿por qué?

—Muy sencillo. Responde Giuseppe. Porque este santo es el mejor de todos, es maestro y protector de los diplomáticos de la Santa Sede.

—¡Eso no lo sabía! Contesta asombrado el cardenal.

—Y es tan cierto como el que siempre hay que comprender estas reglas sencillas pero muy difíciles de llevar a cabo: Saber obedecer y callar cuando es necesario y hablar con moderación y garbo en lo necesario. Me parece que esto es lo que corresponde a un diplomático del Vaticano y así fue San José.

Y para no entrar en más detalles, Gasparri sólo le dice.

—¡Lo comprendo, está bien!

El Secretario del Estado Vaticano, Pietro Gasparri se ofrece para llevar a cabo la misa de la conversión como obispo, pero Angelo declina a su manera, diplomáticamente y sin causarle ninguna ofensa, ya que prefiere que sea el cardenal Giovanni Tacci, Secretario de la Congregación para la Iglesia Oriental, quien lo *ascienda* a obispo.

Giuseppe se prepara para ese nuevo reto en su vida y elabora una tesis episcopal en el que resume su vida y trayectoria por esta vida, se llama *Obediencia et Pax*, es decir, conseguir la paz a través de la obediencia; más claro ni el agua cristalina. Su nueva responsabilidad y las que ya tiene, lo llevan a seguir siendo una persona humilde y sencilla, la respeta y atiende como todo lo que le es asignado y en su mente y corazón se dice para sí: *No busco ni quiero la gloria en este mundo, pero sí la espero y muy grande en el otro...*

La familia junto a Angelo

Un evento tan importante en la vida de Giuseppe, también lo es para toda la familia, quienes en esta ocasión sí acuden a Roma casi todos, encabezados por los ya ancianos y muy orgullosos padres, Battista y Marianna. Ellos aún no creen la mucho que su hijo Angelo ha avanzando en su "carrera eclesiástica", ¿cómo creer que su vástago ya va a ser obispo?, sabiendo que él se conformaba con servir a dios en un pequeño templo cerca de Sotto il Monte, su terruño querido. Pero el destino y las disposiciones divinas nunca las juzga el bueno de Giuseppe y simplemente, las acata, dando lo mejor de sí hacia los demás.

La misa ceremonial de consagración episcopal es una de las de mayor duración y de las más solemnes de la liturgia católica y es poco menos que incomprensible para quienes la presencian, incluso los padres de Angelo, quienes no entienden una palabra de latín y además, tienen otro grave problema, su vista es casi nula y sólo distinguen a las figuras por la posición que ocupan ante el altar. De frente destacan el cardenal Giovanni Tacci y los obispos Marchetti, Selvaggiani y Palica, quienes constantemente se inclinan ante la figura de espalda a la gente, de Angelo Roncalli. Ese es el panorama que tienen los progenitores del nuevo obispo, o mejor dicho y con precisión, el nuevo cargo de Giuseppe es el de Arzobispo Titular de Areópolis.

Después de la misa de consagración y antes de ocuparse de sus recientes responsabilidades, el nuevo arzobispo toma varios días de vacaciones y que mejor que hacerlo en su querido Sotto il Monte, con su adorada familia y estimados amigos.

Respira el aire limpio del campo, ayuda con la alimentación de los animales, platica con toda la gente que puede, desde niños hasta ancianos, de comentar sobre las cosechas, de la escuela para los chicos que ya no está tan lejos como a él le tocó caminar muchos días de su infancia, pero que también le dio una constitución física envidiablemente fuerte y aunque en su interior quiere y desea ser el párroco de todos ellos, sabe que su destino está muy lejos de esa posibilidad, pero también está consciente de que su obediencia a los designios de sus superiores y sobre todo, a Dios, es lo primero y esa ha sido, es y será, la prioridad durante toda su vida.

En tierra extraña

El sábado 25 de abril de 1925 Angelo llega a la capital de Bulgaria, Sofía, acompañado de un sacerdote benedictino, como su secretario, Bosschaerts. La labor a desempeñar tiene muchas aristas difíciles de limar. Para empezar, el cargo a desempeñar es la de un visitador sin cargo diplomático formal ni mucho menos como nuncio o embajador y para llevar a cabo su labor, ésta tiene que ser muy modesta y sobre todo, de "buena voluntad", actividad que Angelo sabe desempeñar a la perfección.

A pesar de que, oficialmente, no representa ningún cargo importante, el sólo hecho de haber sido asignado directamente por el Papa Pío XI, es suficiente para que el rey Boris III lo reciba con todos los honores correspondientes a un embajador y no se equivoca, aunque lo primordial no es la diplomacia sino la de ser un embajador "de buena voluntad", es decir, no crear más conflictos al país sino ayudar a resolverlos.

El rey de Bulgaria, después de conversar con Angelo, comenta a sus allegados que le parece que es un hombre culto y lleno de buenos sentimientos e intenciones y que, con el paso del tiempo, Giuseppe y Boris llegarán a cimentar una buena amistad, como así ocurre.

La situación no es fácil, los macedonios inconformes han llevado a cabo un atentado en la catedral de Svate Nedelia, aprovechando la multitud que se arremolinó con motivo de los oficios funerales del Presidente del Consejo de Ministros, Gheorgiev quien fue asesinado por los terroristas y que, para fortuna del rey Boris III, éste evita morir en el atentado, lamentablemente no fue así para ciento cincuenta personas muertas y más de trescientas que resultaron heridas.

Con este acto, el gobernante endurece su política social y ejerce una terrible represión, realiza ejecuciones todos los días, hay arrestos de culpables e inocentes y son interrogados bajo tortura, esta situación causa mucho miedo y temor entre los ciudadanos de la capital del país, Sofía, principalmente, aunque la situación es inestable en todo el país.

¿Por dónde empezar?, ¿qué hacer para evitar más sangre?, ¿cómo unir las casi irreconciliables creencias religiosas? Esta son sólo algunas de las muchas preguntas que a Angelo Roncalli le dan vueltas en la cabeza y a las cuales responde con acciones. Lo primero que hace es visitar a los heridos que están en los hospitales, los consuela, atiende espiritualmente, los reconforta, trata de convencerlos de que la lucha armada deja más muertos y heridos y con severos daños mentales que una acción de concordia y razonada, pero como sucede en muchos conflictos bélicos, sobre todo interraciales, un muerto provoca varios más y estos otro tanto y así hasta llegar al exterminio o control de alguna de las dos partes, pero que al final, es una lucha en la que todos pierden.

Una vez iniciada la labor de Roncalli, sabe que lo más difícil y esencial de su labor en Sofía, Bulgaria, es la de encontrar puntos de coincidencia religiosa entre los miembros de la iglesia ortodoxa, los más cerrados e intolerantes para llevar a cabo tratos y acercamientos con otras creencias religiosas y abiertamente declarados antirromanos ya que forman la mayoría religiosa en el país. También están los cuarenta y cinco mil fieles que integran una minoría católica del rito bizantino y los cinco mil que forman el rito latino.

Un mismo Dios y una misma creencia dividida en preferencias religiosas y sin la más mínima esperanza de que lleguen a unirse para tratar de parar esa guerra interna que ya ha enlutado a muchas familias. Y este es un primer punto de coincidencia, el dolor por los familiares y amigos perdidos por el nefasto terrorismo que no se fija en las víctimas que mata, no importan si son niños, señoras, ancianas, embarazadas; ya que es suficiente "motivo" para asesinar si no comparten sus creencias, ya que esto los convierte en enemigos y nada más importa, hay que exterminarlos.

Esta es la primera gran acción de Giuseppe, la de que se integren a través de conocerse entre ellos, destacar y descubrir sus coincidencias, que son muchas, desechar las diferencias, que son las menos y finalmente, si Dios lo quiere y los hombres están dispuestos, llegar a amarse en un amor cristiano.

Otra acción que toma Angelo es la de tener otro secretario, pero ahora nativo de Bulgaria, el sacerdote Metodio Ushtikoff; esta es una brillante jugada del ajedrez social y político que Roncalli sabe hacer como un maestro, ya que con este recién nombrado secretario búlgaro, le enseña su lengua natal y lo pone al tanto de la tremenda situación política-social-religiosa que está viviendo esa nación europea.

Con el paso del tiempo, Giuseppe descubre que los verdaderos problemas religiosos están dentro de la misma iglesia católica, ya que los sacerdotes que están a cargo de ella en el país, miran y tratan con recelo y desconfianza a Angelo por el simple y equivocado hecho de llegar directamente de Roma y por ser extranjero, xenofobia pura.

Pero esto no es todo, tampoco en el Vaticano le dan toda la libertad que él no sólo desea sino que necesita y una vez más, su obediencia y disciplina a los superiores vence en el ánimo de Roncalli y así lo entiende y asimila.

Para estar enterado de primera mano de la situación real de Bulgaria, decide viajar frecuentemente por todo el país, pero esta actividad tiene algunos inconvenientes, son sumamente molestos e incómodos, pero lo que más lastima a Angelo no es su situación sino la de la mayoría de los fieles católicos, quienes viven en condiciones sumamente graves de salud y de miseria, ¡esto sí que duele!, ¡esto sí que lastima! y lo más que puede hacer por ellos es llevarles consuelo a sus atribuladas almas, decirles, convencerlos que Dios y el Papa están con ellos y aunque no es mucho este tipo de estímulos, si es mucho más que lo que el gobierno y la alta sociedad hacen por ellos.

Empieza labor conciliatoria

Una vez reconocida la tremenda labor que hay que realizar en Bulgaria y que lleva a cabo desde el primer día que pisa ese suelo europeo, Giuseppe tiene en mente reunirse con los líderes religiosos y empieza por hacerlo con el exarca ortodoxo, quien tiene bajo la lupa todas las actividades del enviado del Papa, tratando de descubrir sus "intenciones no manifiestas", de ver por qué alguien sin cargo específico de nuncio, tiene tanta amistad con el Rey Boris.

Lo que este líder religioso ortodoxo aún no puede ver, es que Angelo tiene, como actividad principal, la expansión del espíritu evangélico y lo que menos quiere y desea es ahondar las diferencias entre los tres grupos religiosos más importantes del país.

Las palabras de convencimiento, aparte de su inagotable sonrisa y voz reconfortadora, son armas con las que siempre se ha expresado, ya sea estando sólo o acompañado: *Que todos seamos uno, como tú y yo, con Jesucristo, para que seamos uno.* Así de simple y sencilla es la razón de Angelo, no quiere conquistar hombres, quiere almas dispuestas a amar a los demás y asegurar un lugar junto a Dios después de la muerte, este es el motor que mueve a Giuseppe y lo seguirá haciendo durante toda su vida.

El exarca, al comprobar que Angelo actúa abierta y limpiamente, "sin oscuras intenciones" se acerca a él ya casi desarmado de la desconfianza, sabe que puede tratar sin tapujos ni restricciones al enviado del Vaticano y esto da tan buenos resultados, que con el tiempo (una vez más), logra Giuseppe hacerse de otro amigo, ahora el exarca.

Y si la sonrisa y buena voluntad son armas sumamente poderosas, la vista no lo es menos, ya que el exarca ortodoxo, después de hablar y estar con Angelo, "descubre" que éste no lo ve como disidente, equivocado, protagonista ni como enemigo, sino como un ser humano lleno de inquietudes y de amor por sus fieles, lo que los identifica totalmente y los hace que estén del mismo lado, del de Dios.

Dos graves problemas

Al cabo de algunos años, Angelo ya es conocido y reconocido en Bulgaria, desde el rey Boris hasta las personas más humildes y pobres del país, la tensa situación política-social-religiosa va disminuyendo y en Roma están tan satisfechos con la labor de unificación de Giuseppe, que se está trabajando para encontrar la forma legal de convertirlo en diplomático.

Sin embargo... no todo es dulzura, las relaciones entabladas por Angelo se han cimentado, lamentablemente, muchas de ellas sólo lo han sido por fuera, para aprovechar el gran don conciliador del enviado papal en beneficio de muchos políticos y algunos gobernantes.

Tal es el caso del mismo rey Boris Tercero, quien en 1930 públicamente se compromete en matrimonio con la princesa Juana, hija de Víctor Manuel Tercero de Italia. Este enlace matrimonial pone en juego muchos intereses políticos, ya que Benito Mussolini, cuasi en el poder itálico, está dispuesto a que se lleve a cabo la boda, una vez resuelto el asunto de la Santa Sede, gracias a un acuerdo por ambas partes, entre el gobierno de Italia y el Vaticano por la llamada "Cuestión Romana", debido al encierro voluntario del Papa Pío IX cuando se enfrentó al nuevo gobierno italiano, llamado de unidad.

Pero, ¿en qué afecta este matrimonio del búlgaro con la italiana, a las religiones católica y ortodoxa, a Angelo en lo particular y a ambas naciones en lo general? El primer gran problema es causado porque el rey es ortodoxo y la princesa católica.

El cardenal Pietro Gasparri hace del conocimiento de los futuros contrayentes y al gobierno italiano, que la iglesia católica no sancionará ningún matrimonio si no se celebra bajo al rito católico romano.

Esto provoca una grave crisis religiosa, social y sentimental en Boris Tercero, ya que sabe que la mayoría de la gente de su país profesa la religión ortodoxa y por otro lado, necesita el aval del catolicismo romano para "amarrar" su matrimonio "con todas las de la ley".

Para no variar, Angelo Roncalli está encargado de convencer al rey de Bulgaria que se case llevando a cabo su matrimonio bajo el rito católico y romano. Las reuniones en palacio entre ambos se hacen muy frecuentes, Boris reafirma la amistad entre ellos o al menos así lo cree Angelo cuando, finalmente, el rey acepta casarse en una iglesia católica romana.

Angelo Roncalli está feliz, pero no del todo, teme que, de última hora, el rey decida no casarse en Italia, pero no es así, Boris y Juana contraen matrimonio en Asís, el sábado 25 de octubre de 1930, lo que provoca que todos en el Vaticano estén feliz por este "triunfo de la diplomacia" no oficial de Angelo.

Pero... en cuanto el nuevo matrimonio llega a Bulgaria, vuelven a casarse, ahora bajo el rito ortodoxo, ofrecido en la catedral de San Alejandro Nevsky. Esto es considerado como una traición por Giuseppe y una burda broma de alguien que se dice su amigo. Esto es difícil de asimilar por el sacerdote, pero el noble corazón de Angelo los perdona, sobre todo, sabiendo que, finalmente, la mayoría de la población búlgara profesa la religión cristiana ortodoxa.

Sin embargo, en el Vaticano son menos sentimentales y más prácticos y estando aún fresco el recuerdo de la doble boda del rey Boris de Bulgaria, lo presionan para que reconozca a Angelo Giuseppe Roncalli como Delegado Político, a lo que, por supuesto, no se niega el soberano, con tal de quitar presión a su relación con el papado romano.

Este nuevo nombramiento para Angelo, que al fin y al cabo solo oficializa su labor, le permite mejorar ostensiblemente su forma de vida, desde una nueva residencia, mejor acondicionada (que su modestia no quiere aceptar pero que sabe que es necesario para llevar a buen término su labor diplomática), hasta un mayor reconocimiento por parte de los búlgaros.

Otro grave problema religioso-diplomático

Pero... otra vez, el matrimonio causa un segundo y terrible disgusto, aunque se debe decir que les falta tacto, tanto en el Vaticano como en el mismo Angelo, ya que el martes 31 de enero de 1933, nace la primogénita de Juana y Boris y en esta ocasión no hay tiempo para el disimulo y el doble lenguaje, es bautizada bajo el rito ortodoxo y esto es otro gran golpe para Angelo, quien pide audiencia con el rey una y otra vez y en todas las ocasiones le es negado, por lo que Giuseppe cree que la amistad con el soberano ha finalizado en malos términos.

Gran y raro enojo de Angelo

Como el rey se niega terminantemente a ver a Angelo, éste acude con el ministro italiano en Bulgaria, conocido como

Piacenti, para lograr aclarar, de una vez por todas, estos dos golpes bajos a la diplomacia y a la amistad de Giuseppe con el rey, pero este ministro resulta un pusilánime y desinteresado en cuestiones religiosas y se niega a ser intermediario entre el delegado apostólico y el monarca, simplemente le dice: "No se atormente, monseñor, el rey Boris es ortodoxo y lo ha sido toda su vida, déjelo, allá él y su conciencia y en cuanto a la reina Juana, sólo le bastará que se confiese con algún sacerdote católico y será perdonada de todos sus pecados".

Y Angelo Roncalli, al escuchar estas insolentes palabras, tiene uno de sus escasos arranques de ira y enojo y le exige al ministro que actúe de inmediato para solucionar esta disputa religiosa entre él y el rey, pero como eso no afecta a las relaciones entre los gobernantes de Italia y Bulgaria, no sólo no accede a hacerlo sino que además, lo corre de su despacho pidiéndole que no regrese si no ha corregido su "mal carácter".

Pero no todo está perdido en su relación con la pareja real, ya que la reina Juana se siente extraña en tierra ajena y pide que monseñor Roncalli acuda a auxiliarla espiritual y religiosamente, a lo que él no se niega y sus visitas se hacen muy frecuentes, tanto, que el rey Boris está pendiente por si, "ocurre alguna ofensa a su honor y orgullo como hombre y soberano".

Los problemas de Angelo no terminan, pero su labor, antes que nada, es pastoral y por eso acude con la reina para consolarla de sus tribulaciones. En una ocasión en la que la soberana está especialmente sensible y molesta con el rey por no dejarla ejercer su catolicismo romano, Giuseppe le dice: "Dios misericordioso perdona todos los pecados y fallos humanos. Nadie tiene la culpa de lo que pasa, majestad, ni siquiera el rey, su esposo, ya que se debe a su país y esto tienen que ser así. Puedo asegurarle que también el Papa comprende su situación y la absuelve para volver a estar en gracia de Dios".

Después de estos dos muy graves problemas entre el rey Boris Tercero, Angelo y su relación con las dos religiones cristianas: ortodoxa y católica, Giuseppe logra, al paso de los años, que el gobierno reconozca la autonomía religiosa en cuanto a los títulos que expide en cuestiones de educación, la construcción de un seminario católico, la aceptación del rito bizantino, de un administrador apostólico y la constante, permanente e incisiva labor evangelizadora por parte del nuncio.

Así llega 1929, cuando Angelo festeja su aniversario de plata como sacerdote y este es un motivo muy poderoso para hacer un largo, tedioso, incisivo repaso de su vida, recordando mucho más los fracasos y las acciones que no se han llevado a cabo que lo logrado, esto último no tiene importancia, ya que lo más importante siempre será lo que está por hacerse.

Así lo ve Giuseppe Roncalli, no hay espacio para fiestas y distracciones, el tiempo es muy importante, ya que él empieza a sentir el peso de los años, por tantas privaciones e intensas horas y días de trabajo; quiere tener todo bajo su mando y administración para asegurar que se seguirá la línea evangelizadora dictada por el Vaticano y eso siempre es una carga muy pesada para alguien como Angelo, obediente y sumiso a toda orden del Vaticano.

A partir de este año de 1929, (siendo aún joven a los 48 años) Angelo sabe que la muerte empieza a ser una compañera inseparable, (aunque en realidad le quedan poco más de tres décadas de vida y ¡muchas sorpresas más! exactamente, dentro de treinta años, convocará a un recuento de la historia del catolicismo y provocará cambios importantes dentro de las políticas del Vaticano, en su forma de mirar y ser parte del mundo), se prepara para este evento ineludible, quiere y desea fervientemente llegar ante su Dios con la conciencia de haber hecho todo lo humanamente posible para que el mundo tenga en Jesucristo y en sus promesas de vida eterna, después de vivir en el mundo material.

Y mientras la inevitable muerte llega para Angelo, tiene que partir de Bulgaria, nuevos aires le han sido asignados por Dios y el Vaticano y tiene que dejar muchas amistades hechas a lo largo de una década. Todos sentirán su partida, unos de inmediato, otros cuando ya no vean la figura y sobre todo la sonrisa siempre llena de vida y sincera de Giuseppe Roncalli.

Y es tal su amor hacia la gente común de Bulgaria que, cuando se entera que tiene que partir, dice tristemente a quienes lo escuchan: "A donde quiera que vaya y me encuentre en el mundo, si un búlgaro llega hasta mi casa, encontrará en mi ventana una luz encendida, será el símbolo de bienvenida y la puerta se abrirá para él".

Otro cambio, otro escalón

Después de diez largos años de estancia y de intenso trabajo evangelizador en Bulgaria por parte de Angelo, el Vaticano requiere de sus excelentes oficios diplomáticos para otra delicada labor, está vez sí va en calidad de Delegado Apostólico (embajador) y no sólo a un país ¡sino a dos!, y en su camino están dos naciones completamente diferentes aunque vecinas: Turquía y Grecia.

Otros países, nuevas relaciones; Estambul no es una nación que se distinga por su calor humano, que sí lo hay en la gente del pueblo pero no en sus gobernantes, quienes le dan un frío recibimiento a Angelo, encabezado por su presidente, Mustafá Kemal Atatürk.

Kemal, libra su propia lucha desde 1920, cuando reconquista para Turquía a Esmirna y Tracia, restaura la nacionalidad turca y asimila la técnica y cultura occidentales, al proclamar la República en 1923, siendo Mustafá el presidente del país. Un año después, en 1924, anula el califato, disuelva las sectas religiosas, prohibe la poligamia, iguala los derechos civiles de las mujeres a los de los hombres, introduce el traje europeo y la escritura con caracteres latinos. Una verdadera reforma que, por supuesto, abarca otros dos aspectos igualmente importantes: la economía y la política.

Así es que, el papel de Angelo Roncalli no es nada fácil ante un presidente turco que no cree en las religiones, incluida la musulmana, ya que para él, representan un atraso en la cultura de los pueblos y que se debe superar a toda costa, por lo tanto, nada que suene a religión es bienvenido a la Turquía de los años treinta del pasado siglo XX.

Angelo, sabedor de que antes de ganar terreno, tiene que ceder en el turco, se manda hacer unos trajes de civil y adopta un sombrero que le cambia completamente su fisonomía, ahora, por fuera, parece todo un caballero (porque por dentro siempre lo ha sido), un europeo de mucho mundo, un prominente hombre de negocios, todo esto parece Giuseppe ¡menos un sacerdote católico!

En fin, que cuando Angelo llega a la estación de Estambul, únicamente lo recibe otro sacerdote, lo pone al tanto de las políticas del gobierno de Mustafá Kemal Atartük sin lograr bajar el ánimo y entusiasmo de Giuseppe, él, a cada palabra pesimista de su huésped, le dice con su característica paciencia: "Entonces; ¿usted cree que no se puede hacer nada aquí, que no se puede evangelizar? Yo creo que sí, que algo habrá, algún medio para entendernos con las autoridades de este país".

Esta vez, Angelo logra que lo acompañen dos de sus hermanas, María y Ancilla, quienes le darán un toque amable y femenino al inmueble adusto y realmente feo donde vivirán como lo que son, una familia.

No obstante la prohibición de religiones en Turquía, existen muchos fieles de diversos ritos, pero el más fuerte es el encabezado por el patriarca de Constantinopla, un hombre intolerante, soberbio y sobre todo, dispuesto a continuar con una vieja y trivial rivalidad entre ortodoxos y católicos, una nueva historia en la vida de Giuseppe, pero ya vieja en la historia de las creencias religiosas, ¡qué aburrido y qué penoso trabajo para el Delegado Apostólico!

Una vez más, hay que unir a los fieles de ambas religiones que comparten los mismos ritos, los mismos sacramentos, ¡la misma fe! pero divididos por una ancestral rivalidad mezclada con política de baja estirpe y en la cual, nadie parece querer ceder en sus conceptos, más personales que religiosos.

A pesar de estas aparentemente grandes diferencias, Giuseppe las ve como un enorme reto, otro más en su carrera diplomática, aunque él lo siente más como parte de su sacerdocio que como misión diplomática. Analiza los problemas, ve dónde y cómo puede afrontarlos sin ofender a nadie y ahí ataca, sin miramientos. Por esto, en su sermón de Pentecostés en el año 1935, (a los 54 años) en la pequeña pero acogedora catedral de Estambul, habla con el corazón y la fe en Dios para que sus palabras sean escuchadas en el cielo y principalmente en la Tierra.

Él les dice a los feligreses católicos: "¡Ven o Espíritu Santo y por medio de tu santa iglesia, continúa fecundando la vida de las almas y los pueblos! ¡Ven y renueva la faz de la Tierra! Que me sea concedido invocarte especialmente en la luz, en la gracia, en la alegría de este Oriente lleno de fascinación y de misterio, al que pertenecen los representantes de aquellos pueblos que fueron los primeros en escuchar el profético mensaje del Príncipe de los apóstoles. Su recuerdo, resonando en la literatura actual, hace palpitar todavía emocionados nuestros corazones. ¡Partos, medos, elamitas, habitantes de Mesopotamia, de Judea, de Capadocia, del Ponto, de Asia, de la Frigia, de la Panfilia, ¿estas regiones no son acaso las que pertenecen a la actual Turquía?

"Hombres de Egipto y Libia, nacidos junto a Cirene, peregrinos de Roma, judíos de la diáspora, gente de Creta y Arabia, todos conmocionados por el mismo esplendor de la primera manifestación del Espíritu Santo, todos llamados a contemplar el milagro de la glosolalia: *audivimus eos loquentes nostris linguis magnalia Dei*. Aún me complace repetirlo y aunque por fuera no aparecen las lenguas de fuego, por dentro arden como llamas los corazones: *intus facta sunt corda flammantia.* La caridad del Señor nos consume suavemente. Ustedes lo ven como yo, hermanos e hijos míos; todo a nuestro alrededor es febril movimiento de transformación. Asistimos a una palingenesia social que puede contarse entre las más notables en la historia de los pueblos.

"¿Quién conoce el misterio del Señor? A nosotros toca solamente seguir con respeto y fidelidad de corazón sus caminos admirables. ¡Oh Señor, ahora y siempre te suplicamos; envía tu Espíritu y renueva la faz de la Tierra! *Emitte Spiritum tuum et renovabis faciem terrae.* ¡Aleluya, Aleluya!"

Esta es una de las formas de comunicarse con los feligreses católicos turcos, que siempre funciona porque la gente está dispuesta a escuchar y a obedecer los preceptos religiosos. La otra, mezclarse con la gente común, con la que vive entre el pueblo, la que va al mercado a hacer sus compras, la que convive con sus padres, con sus hijos, con sus parejas, con sus hermanos, la que acude a misa a buscar consuelo, la que ríe, llora y canta según su estado de ánimo, la que sufre problemas económicos y de empleo; estas personas son las que llenan de vida a Angelo, lo fortifican y además, le permiten practicar el idioma, que si bien es bastante difícil y requiere mucha paciencia, para Angelo no lo es tanto, ya que sabe hacerse entender con su elocuencia y una de sus mejores armas, su sonrisa.

Aunque a nivel de enviado del Vaticano no puede moverse con mucha libertad y sí requiere de algo más que su amplia sonrisa, sin embargo, tiene sus logros que muestran sus excelentes oficios diplomáticos; por ejemplo, logra que el gobierno de Mustafá Kemal Atartük no convierta en museo la enorme mezquita que durante muchos años fue basílica cristiana de Santa Sofía.

La intención de Roncalli es doble y abierta, por un lado, conservar un reducto cristiano y por otro, una obra con gran valor histórico, independientemente de su utilización, religiosa o no, que se hubiera perdido si no es porque el trabajo de reacondicionamiento se detuvo, a cambio, lograr la restauración y la reconstrucción original y además, resaltando representaciones referentes al Cristo de los primeros años.

Angelo, una vez más, sonríe al saber la noticia, ya que él solamente quería mantener un reducto religioso y una obra arquitectónica histórica. En agradecimiento, el arzobispo Roncalli utiliza palabras turcas en sus sermones, dando pie a una correspondencia del presidente, indirectamente desde luego, pero de que hay un lazo de respeto, lo hay y ese, es un gran paso diplomático para Giuseppe.

Pero la doble función diplomática de Angelo no tiene los mismos resultados en Grecia, en donde las dos religiones más importantes del país, ortodoxos y anglicanos, llegan a un acuerdo de mutuo reconocimiento y respeto, pacto en el cual, el catolicismo no tiene absolutamente nada que ver, pero que Giuseppe sabe ver en su forma más optimista, está muy contento porque son religiones cristianas y aunque apesadumbrado porque en el Vaticano no se avizora ningún movimiento unificador parecido al descrito, le preocupa la pasividad del clero católico.

Vientos de guerra y muerte

Estando en su doble misión diplomática, Angelo empieza a sufrir la muerte de varias de las personas a las que respeta y ama mucho, empezando con la de su padre, Batistta Roncalli, la que le causa un hondo pesar y tiene que soportar su sufrimiento, pero también debe apoyar y consolar a su madre, para que soporte esta pérdida, el jefe de la familia se ha ido al paraíso, satisfecho de haber ayudado en la crianza de muchos hijos, pero sobre todo de la Angelo, sus logros dentro del Vaticano le supieron a gloria en el Tierra a su padre y esto le permite enfrentar la muerte con optimismo y esperanzado en la nueva vida que tanto predica su hijo Giuseppe.

En ocasión del funeral de su padre, Angelo puede acudir hasta su tierra natal, Sotto il Monte a darle el último adiós, sin embargo, la muerte está suelta y activa, dando a entender que un gran problema bélico mundial se está gestando en algunas ciudades europeas, lamentablemente, tiempo después, empezando el fatídico año de 1939, fallece el Papa Pío XI, querido y amado amigo del diplomático.

Como es costumbre en el Colegio Cardenalicio cuando se reúne para elegir al nuevo Pontífice y después de breve tiempo, el humo blanco sale de la iglesia cuando se anuncia al mundo y a la gente: *Habemus Papa* y es ni más ni menos que otro amigo y querido personaje para Angelo, se trata de Eugenio Pacelli, quien adopta el nombre de su antecesor, Pío y el número XII en ese altísimo cargo eclesiástico.

Giuseppe recuerda sus primeros años en el seminario *Apolinar*, en donde conoce al ahora Pío XII y en donde fomentan una estrecha relación, gracias a su cargo como Secretario del Estado del Vaticano y a sus constantes entrevistas entre ambos, para dar soluciones a los problemas de la diplomacia, actividad en la que ambos conocen todos los hilos finos y que probablemente, sea el mejor lazo de unión entre ellos, después de la amistad y la fe en Dios.

La sombra de la guerra

Angelo piensa que el destino de la iglesia católica está en las mejores manos y que Pío XII tiene la capacidad suficiente para tomar las mejores decisiones y lograr evitar la inminente guerra de alcances mundiales y sobre todo, de preservar el Estado Vaticano a salvo de la conflagración bélica.

Pero eso no es todo, en agosto de ese mismo 1939, también fallece la madre de Angelo, Marianna, quien no logra superar la muerte de su esposo y lo sigue en su camino, más allá de la muerte. En esta ocasión, Giuseppe no puede partir a Sotto il Monte por la delicada situación mundial, en donde está a punto de iniciarse una guerra mundial de fatídicas y crueles consecuencias que cambiará al planeta definitivamente.

Mientras Adolf Hitler enseña al mundo su tremendo poder sobre la población y la tremenda disciplina y obediencia total de los soldados alemanes; los ingleses, ingenuamente creen que no atacará el austríaco, después de la visita del Primer Ministro inglés, Arthur Neville Chamberlain a Alemania, en donde se quiere lograr la paz a costa de sacrificar territorio checoslovaco, pero esto sólo demuestra al líder austríaco del extraño y ridículo bigote, que puede seguir invadiendo países sin que obtenga ninguna oposición.

Así, el viernes 1 de septiembre de 1939, las tropas nazis invaden Polonia y dos días después, ¡por fin! viene la reacción, Inglaterra y Francia declaran la guerra al Tercer Reich y empieza una lucha armada que durará más tiempo que la anterior, costará más vidas, habrá más sacrificios humanos y torturas indescriptibles para todos los que caigan prisioneros ante los alemanes, italianos o japoneses.

Aunque hay que resaltar que la guerra no es deseada únicamente por Hitler, Mussolini e Hirohito, sino también por los mismos países aliados, ya que el avance comercial de Alemania les preocupa en demasía, sobre todo, después de varios años de terminada la Primera guerra mundial y de vivir en una depresión económica tremenda, en donde comprar un pan tenía un costo de ¡millones de marcos!

Es por esto, que el caldo de cultivo estaba preparado para que alguien como el Tercer Reich le diera vida y fomentara entre la gente los enormes deseos de sentir y hacer regresar la grandeza y el orgullo del pueblo alemán. No importan la figura y el bigote ridículo de Adolf Hitler, esto carecerá de importancia cuando muchos millones de seres humanos, no sólo le temerán, sino que les causará un dolor extremadamente grande.

Pero ¿qué pasa en Turquía y Grecia? En el primer país, gracias a su posición entre dos continentes, se convierte en un centro de espionaje por parte de las naciones beligerantes y Angelo Roncalli no puede ser ajeno a este juego de estrategias, de abusos, de asesinatos, de intercambio de información, de burdeles para agasajar a los soldados, todos tienen mucha información y Giuseppe tiene que ser parte del juego de espionaje, aunque él no lo vea así, ya que habiendo tanto en disputa, lo mejor que se puede hacer es mantener al tanto a los gobiernos respectivos de todo cuanto sucede a su alrededor y Angelo así lo hace, informa al Vaticano de todo cuanto ve, escucha y conoce para que sea desde allí donde se tomen las decisiones finales.

Pero esta importante labor de Roncalli no es bien vista por muchos altos jerarcas del Vaticano, quienes no comprenden la importante labor no sólo de espionaje sino la principal para Angelo, la evangelizadora, quien no duda en agregar el idioma turco en sus misas, empieza con un simple *¡Bendito sea Dios!* hasta leer el evangelio en esa misma lengua.

Esto es demasiada "osadía" que no debe ser soportada, por lo que los muy conservadores cardenales y obispos que rodean a Pío XII lo presionan para que lo retiren de su encargo diplomático y lo colocan en una posición de extrema delicadeza, ya que el Papa aprecia mucho a Angelo y sabe que él no hará nada que vaya en contra de los ordenamientos eclesiásticos.

Angelo tiene por costumbre, desde hace muchos años, escribir todo lo que le ocurre y preocupa y a este cuaderno lo titula *Diario del Alma,* allí está su verdadero pensamiento, más claro, más preciso, sus dolores causados por las mentes retrasadas y obsoletas de los altos jerarcas católicos del Vaticano, quienes quieren una iglesia inmóvil, en aras de conservar una ridícula tradición de oficiar la misa en latín aunque los feligreses no entiendan más allá del *amén*.

Le duele pero soporta el dolor como lo ha hecho siempre, se disciplina y espera las instrucciones de Pío XII para continuar con su importante labor.

Unión histórica

Angelo tiene que viajar constantemente entre Turquía y Grecia, esto es sumamente peligroso, ya que las acciones bélicas son cada vez más cruentas, han pasado algunos años desde el inicio de la guerra y no parece haber aún un posible ganador. Lamentablemente, los que más sufren con los enfrentamientos armados, son los de la población civil y es precisamente en Grecia donde lleva a cabo una de sus labores humanas más importantes de su vida, aunque la historia no se lo ha reconocido del todo, aun en la actualidad.

Como su vecina Turquía, Grecia también es un punto estratégico y lo peor es que están viviendo una vieja historia entre ellos y los italianos. Desde la primavera de 1940, sostienen una cruenta batalla contra el ejército de Benito Mussolini, quien, para justificar su belicosa actitud, dice a sus soldados y al mundo: "Sólo la guerra, eleva a la mayor tensión todas las energías humanas e impone el sello de la notoriedad a los pueblos que tienen el coraje de emprenderla".

Tremenda estupidez provoca el enfrentamiento directo entre italianos y griegos y un año después del inicio de éste, la población de Grecia está sufriendo no sólo pérdidas de vidas humanas sino que además, está a punto de tener una mayor crisis, ya que el hambre hace presa a sus habitantes y estos no saben cómo conseguir los alimentos mínimos para subsistir.

Entonces, el ortodoxo Damaskinos decide que la única solución es una intensa aportación de víveres por parte de los aliados, pero ¿cómo lograrlo? Lo más curioso del asunto es que los países del eje, RO(ma)BER(lín)TO(kio) acuerdan permitir el paso de los alimentos pero los aliados están muy entretenidos peleando contra los alemanes, principalmente y no les hacen el menor caso.

Damaskinos sabe que necesita la ayuda de alguien especial para convencer a los aliados de esta ayuda humanitaria, finalmente, ¿en quién piensa? Sencillamente en Angelo Roncalli, el problema es que el casi presidente del consejo no sabe cómo abordarlo, le comenta a un militar alemán y éste, de alguna forma se lo hace saber a Giuseppe, éste es quien da el primer paso, el más difícil, el más visible y que puede traerle nefastas consecuencias con los intolerantes del Vaticano, pero eso no le importa, primero es la gente y después los altos jerarcas del clero.

Angelo solicita un encuentro con Damaskinos, quien también es muy inteligente y reconoce la delicadeza del paso dado por Giuseppe, por lo que de inmediato se lleva a cabo, uniendo a dos representantes de un mismo Dios, dividido hace siglos por pequeñas diferencias.

Al principio, los dos son muy formales en su trato, hay mucho respeto por la jerarquía del otro, pero la situación no está para protocolos y deciden hablar claro y directo. El siguiente paso lo da Damaskinos, al solicitar la mediación de Angelo ante el Papa para que, con su apoyo, lleguen los indispensables víveres a la población civil griega.

Este hecho histórico, opacado por las sobresalientes acciones bélicas del momento, ahora es contemplado como increíble, ya que la más alta autoridad de la iglesia ortodoxa griega apela a la influencia del Papa Pío XII, este acto es rarísimo y sólo se puede comparar al realizado por Juan Pablo II cuando visitó Grecia en medio de evidentes muestras de rechazo y amenazas por parte de los griegos.

Pero Angelo no quiere triunfos personales sino del cristianismo y esta vez, su enorme labor diplomática y sobre todo humana, logra salvar de una muerte espantosa, por hambre, a miles de hombres, mujeres, niños y ancianos griegos y esto, no tiene ningún precio con qué pagarlo.

Además, esto le da mayores ánimos a Giuseppe para continuar su labor de unificación de credos cristianos, ya lo ha logrado con los ortodoxos búlgaros y ahora lo ha hecho con los griegos, entonces ¿por qué no lograrlo con las demás religiones cristianas? Esta idea la tendrá Angelo siempre presente en su mente y corazón.

Nueva responsabilidad

Así, llega 1944, por fin, los aliados empiezan a vislumbrar una posible solución al conflicto armado mundial, aunque las tropas alemanas continúan en una batalla para obtener una victoria total que nunca será suya. Un año antes, el domingo 3 de septiembre, Benito Mussolini es depuesto como presidente de Italia.

Antes de finalizar ese año de 1944, Angelo (de 63 años) recibe el sorpresivo nombramiento de Nuncio Apostólico en Francia. Él no lo cree, piensa en un posible error, después de todo, con la crisis bélica asolando al mundo, no sería extraño que así fuera, por lo que acude al Vaticano para conocer de primera mano si el nombramiento es real o falso.

Se presenta ante el monseñor Domenico Tardini, colaborador muy cercano del Papa y un detractor de Angelo, quien le confirma su nombramiento y además, su disgusto por ello, por lo que le dice: "Arzobispo Roncalli, no hay ningún error en su nombramiento, su Santidad directamente lo hizo y puede estar seguro de que aquí en el Vaticano, nadie esperaba semejante decisión".

Por la amistad de muchos años, Pío XII concede a Angelo un breve encuentro, que no llena las expectativas del nuevo nuncio en Francia, desea recibir las más amplias y explícitas instrucciones para su nuevo cargo, pero los tiempos no están para eso.

Al estar frente al Papa, éste le dice a Giuseppe.

—Angelo, sólo tengo cinco minutos para dedicarte.

—¡Cinco minutos! Su Santidad, ciertamente me parece un noviciado muy breve para la misión que me ha asignado recientemente. Dice Angelo, lanzando un largo y fuerte suspiro.

Efectivamente, Pío XII le confirma su designación en Francia, porque la confianza del pontífice tiene que recaer en alguien totalmente responsable y ese no puede ser otro que Angelo Roncalli. Le da a entender que su labor en Turquía y Grecia, muy apreciada por él como máximo líder de los católicos, no es vista de igual forma por otros altos jerarcas del Vaticano, así que ese nombramiento es una señal de que ha hecho una excelente labor y merece una muestra pública de apoyo. Ahí terminan sus cinco minutos y lo último que se lleva de su amigo el Papa es su bendición.

Angelo está desconcertado, se siente tomado por sorpresa, ¿cómo es posible cambiar radicalmente de Turquía y Grecia, al país más cosmopolita del mundo, a Francia? "Creo que es un encantamiento. Recuerdo un verso de Merlín Cocai que se acomoda perfectamente a esta decisión del Papa: *A falta de caballos, buenos son los asnos.* (*ubi deficiunt equi trotan aselli*)". Se dice para él, pero también sabe que no puede negarse, no desea el cambio pero su obediencia está por encima de sus propias decisiones y lo acata sin recelo aunque sin desearlo realmente.

La Francia liberada recibe a Angelo, aunque lo hace de forma fría y hasta con desprecio, ya que muchos franceses consideran que el papel jugado por los sacerdotes en sus diócesis, de pasividad ante las atrocidades alemanas, de permanecer en sus sedes eclesiásticas casi "pactando con el enemigo", no es fácil de olvidar, incluso, quienes colaboraron con los invasores nazis, son despreciados y perseguidos acusados de traidores a la patria, aunque sin tomar en cuenta el miedo que produjo en muchos humanos su posible muerte ante las armas alemanas si no hubieran dado su cooperación, finalmente, ¿no está permitido sentir miedo en la guerra?, ¿acaso los soldados son inmunes a este sentimiento humano?

Por lo tanto, la labor de Angelo, una vez más, es la de devolver la imagen de paz, concordia, consuelo y dignidad a la iglesia católica francesa, por lo que piensa: "No importa la situación actual, trabajaré lo mejor que pueda y con seguridad, Dios hará lo demás, siempre ha sido así y no creo que cambie ahora. Estoy en plena madurez y seguiré dando lo mejor de mí. Tal vez ya sea poco el tiempo que tengo antes de ir al encuentro con Jesucristo y debo darme prisa en mi nueva labor".

Pero más prisa tienen los franceses porque Roncalli presente sus cartas credenciales como embajador del Vaticano en Francia. Esto es resultado de que, tradicionalmente, el día 1 de enero de cada año, el cuerpo diplomático acude a felicitar al presidente de la república y el texto, en representación de todos los asistentes, debe ser leído por el diplomático de mayor edad, el embajador más antiguo o por el nuncio apostólico.

Ese lunes primer día de enero de 1945, la guerra continúa en el frente de batalla y las tensiones entre países no ha terminado y el embajador más antiguo en Francia es el de la Unión Soviética y no es deseable para los franceses darle ese honor, por el doble papel jugado por los soviéticos durante el inicio de la Segunda Guerra Mundial.

Es por esto, que en París , la fuerza aérea envía por Angelo el sábado 30 de diciembre de 1944 y vuela rumbo a París sin dilación. Así, al día siguiente, presenta sus cartas credenciales ante el presidente francés Charles De Gaulle, quien nunca muestras sus emociones a nadie y mucho menos ante un enviado del Vaticano, pero, en fin, una vez llevado a cabo todo el protocolo, el escenario está listo para el siguiente día.

Angelo no quiere darle importancia a su cargo sino a la labor que debe realizar, así es que, ante la inexpresividad de Gaulle, se antepone la sencillez y humildad de Roncalli, por lo que el 1 de enero de 1945, se presenta ante un atestado Elíseo y él es quien acapara todas las miradas de los integrantes del cuerpo diplomático, quienes están expectantes por el discurso que ha preparado Angelo para darlo a conocer públicamente.

Una vez pasada la precipitación por su nuevo cargo y su presentación ante el presidente francés; Giuseppe Roncalli se centra en su labor apostólica reivindicatoria, por lo que tiene que dejar de lado su forma sencilla y humilde de vivir y tiene que adecuarse a las costumbres refinadas y de buen gusto de los franceses.

Giuseppe crea un clima propicio para que la gente más distinguida e influyente de ese país europeo acuda a sus reuniones, por lo que nunca faltan intelectuales, políticos, artistas de diferentes disciplinas e integrantes de la alta sociedad francesa. Pero antes de empezar a hacer estas invitaciones, mismas que al principio son rechazadas por algunos y que tiempo después las provocarán y buscarán; el nuncio manda redecorar la nunciatura con un excelente gusto, contrata a los mejores cheffs porque sabe que una excelente comida y vino de no menos calidad propician un mejor ambiente para la charla informal y la plática formal.

Precisamente, en uno de esos días, en plena remodelación de la nunciatura, Angelo está concentrado en su trabajo, ignorando el tremendo ruido que hacen los albañiles en la reconstrucción, en algún momento de mayor extravío metal del sacerdote, uno de los trabajadores deja caer un tablón sobre su pie y empieza a gritar todas las malas palabras que se sabe, que son muchas ¡y más!, incluso, hasta maldiciones, por lo que esto no puede ser ignorado por el nuncio y dirigiéndose al lastimado albañil, le dice gritando en su mejor francés: "Bueno, ¿qué es esto? ¿No puede usted decir *mierda* como todo el mundo?" Así de contrastante y de sencillo es Giuseppe.

¡Ah!, pero el refinamiento adoptado por Roncalli como estrategia de acercamiento también llega a su trato con los invitados a sus reuniones, habla con las damas de los temas que ellas quieran, discute con científicos y guarda silencio cuando la charla es trivial.

Este es el Angelo Roncalli que sabe adaptarse a las circunstancias, el que sabe qué hacer en cada nueva situación y en este renglón, no se sabe de algún "desacierto" que provoque el enojo de sus eternos enemigos en el Vaticano.

Estas reuniones permiten restablecer la buena y nueva imagen de los sacerdotes católicos con los franceses, Angelo hace amistades con todos sus invitados, sin olvidar al resto de la gente común, a la que debe llegar con mayor vigor la evangelización que tanto pregona.

Al finalizar la Segunda Guerra Mundial, los países beligerantes y más los europeos, quienes sufrieron las más grandes devastaciones, están en plena etapa de reconstrucción, hay que quitar los escombros y construir nuevas ciudades, enterrar a los muertos, honrarlos y continuar con la vida, sin olvidar, eso si, a los héroes que aún están vivos, como el caso del arzobispo de Toulouse, Jules Saliège.

Este personaje es sumamente apreciado por los franceses, ya que es un pilar de la resistencia contra los alemanes nazis y lo mejor es su espíritu indomable y de nunca someterse a las injusticias. Saliège es un sacerdote ¡paralítico desde el cuello para abajo del cuerpo! y aún así, en pleno dominio de soldados alemanes, hizo que lo subieran en una camilla y ser conducido hasta la catedral, subirlo al púlpito, donde pronuncia un excelente y tremendo sermón contra los sistemas de represión nazi, jugándose la vida abiertamente.

Es por esto que Angelo propone a Pío XII que eleve a Jules Saliège a la dignidad de cardenal y éste acepta gustoso, siendo el año de 1946. Giuseppe acude con mucho entusiasmo y ánimo a Toulouse para entregar el birrete a este valiente sacerdote.

Con este acto, los bonos de la nunciatura de Francia se van a las nubes y por fin, Angelo puede respirar tranquilo, ha restaurado totalmente la "buena imagen" de los sacerdotes católicos y esto lo hace que se sienta satisfecho por sus buenos oficios, aunque siempre agradecido con Dios porque él es quien lo guía en todas sus acciones.

Angelo se ha vuelto sumamente refinado en su trato, eso sí, sin olvidar su sencillez y humildad características, ya entrado en los sesenta y siete años, es decir en 1948. En una de sus reuniones, un invitado lo quiere comprometer ante las asistentes por lo que le pregunta con voz fuerte.

—Excelencia, ¿no le molestan los vestidos atrevidos y muy escotados de algunas señoras?

A lo que Giuseppe responde, tomando al personaje del brazo y llevándolo suavemente a un rincón de la estancia y bajando la voz, pero que todos escuchan porque esperan una respuesta.

—Le voy a hacer una confidencia. Como usted ve, he observado mucho a las señoras que dice y me temo que se engañan solas. Cada vez que entran en el salón, creen que llaman la atención pero se equivocan: ¡es a mí a quien mira todo el mundo!

Y con este tipo de salidas diplomáticas, nadie se ofende, ni hay rencores ni odios y un poco de ironía, bien manejada, puede salvar situaciones comprometedoras de graves alcances y sin embargo, para Angelo es fácil y sencillo, ¿para qué complicarse la vida criticando a los demás si la vida es tan bella?

Siguientes pasos: designios de Dios

Después de algunos años en la nunciatura de Francia, Angelo sabe de todos los rumores que se corren entre los franceses, quienes se ufanan de que todos los nuncios en su país, tarde o temprano, llegan a ser cardenales y ¿quién sabe?, existe la posibilidad de llegar a ser Papa.

Esto no preocupa a Angelo, sabe que, por extraña coincidencia, él permanece en sus cargos diplomáticos por diez años, por lo que, al hacer sus cuentas, comenta que si así le sucede en Francia, él tendrá, en ese momento, ¡setenta y cuatro años! y se siente ya muy viejo no sólo para ser Papa, que no es su idea, sino para llegar a cardenal.

El ambiente en el Vaticano también es propicio para el nombramiento de nuevos cardenales, que no se han ordenado desde Jules Saliège en Toulouse en 1946 y se espera que, de un día a otro, se ordenen otros más.

Dos noticias para Angelo

Finalmente, los franceses se alegran por una noticia esperada. Es noviembre de 1952 y la decisión de Pío XII ha sido tomada, se ordenarán nuevos cardenales y entre ellos está el nombre de Angelo Giuseppe Roncalli, el nuncio apostólico en Francia, esta designación confirma el "vaticinio" de que, nuncio que llega a Francia, se convierte en cardenal.

Estar comunicado no le causa ninguna alegría a Angelo, lo acepta porque esa es una decisión de muy alta investidura, de Dios y confirmada por Pío XII, sin embargo, lo que sí lo entristece, es enterarse, con escasas horas de diferencia, de que su querida hermana Ancilla, quien lo cuidó, junto con su otra hermana María, cuando estuvo en Estambul, ha fallecido y esto lo llena de dolor, sabe que es voluntad divina y así lo acepta, pero quiere darse el privilegio de llorar por su hermana, de sentir el dolor en su corazón y después, de reconfortarse porque ya está compartiendo el paraíso con sus padres, de que, con seguridad, Dios le asignará a la mujer, una tarea en la que pueda seguir derrochando todo su amor por los demás y tenerla entre los ángeles que viven en el cielo.

Curiosa y paradójicamente, este ascenso en la vida apostólica de Angelo, provocará que se aleje de París, aunque lo acercará más con los franceses, esto se debe a que el presidente de Francia, Vincent Auriol, se ufana de ser socialista y agnóstico y de haber podido separar en sus funciones específicas a la iglesia católica y al Estado, sin que ello empañe las excelentes relaciones diplomáticas y de amistad entre estos dos hombres, Auriol no es ajeno a esta orden del Papa y accede a llevar a cabo una añeja costumbre: los dos acudirán a la ceremonia, privilegio otorgado a Francia hace muchos años, pero desean que sea lo más íntima posible: ¡imposible!

Las muchas amistades que Angelo ha sembrado durante toda su vida, solicitan estar presentes en la ceremonia y de algo que iba a ser en la intimidad se convierte en todo un acontecimiento para los franceses, ese acto protocolario religioso entre el presidente francés y el nuevo cardenal Roncalli tiene que abrir sus puertas a todos los que así lo desean.

Y entre todos los altos invitados, destacan tres humildes y sencillas personas que recuerda a Angelo un origen idéntico, ellos son, simplemente, sus tres hermanos Alfredo, Giuseppe y Zaverio, el sacerdote los ve y abraza con toda su ternura, está feliz por contar con sus queridos hermanos, quienes lucen una sencillez avasallante, están muy limpios y orgullosos de su consanguíneo, además ¡es la primera vez que viajan tan lejos y la razón los motivó a hacerlo!

El día de la ceremonia, Alfredo, Giuseppe y Zaverio llegan hasta Angelo igualmente limpios, pero sin la corbata puesta y sorprendido, el sacerdote les pregunta.

—¿Por qué vienen así, sin corbata?

—Es que no sabemos hacernos el nudo. Contestan al mismo tiempo los tres, aturdidos y apenados.

—Pero anoche traían muy bien hechos los nudos. Les dice Angelo.

—Claro, cómo no, si nos los hizo Assunta antes de salir de casa. Contesta uno de ellos.

Todos sonríen ante tanta ingenuidad y humildad y Angelo, amable y amorosamente, les anuda las corbatas a los tres. Una vez en la iglesia, los hermanos ocupan un hermoso pero incómodo sitio de honor, lo cual soportan sin decir nada, ya que creen que es el mínimo precio que deben pagar por tener un hermano cardenal y lo aceptan con gusto.

Así, entonces, Angelo Giuseppe Roncalli es ordenado cardenal y antes de despedirse de los franceses, les dice: "Para mí, será suficientemente gratificante cuando algún francés recuerde mi humilde nombre y mi estancia aquí y pueda decir: *Era un sacerdote leal y pacífico*".

Y es que no sólo es ordenado nuevo cardenal sino que le ha sido asignada otra responsabilidad: ocupar el patriarcado de Venecia, en Italia, por lo que venecianos están felices por esta designación papal, ya que quieren mucho a Angelo y lo es tanto, que le envían una comitiva a París como avanzada para darle la bienvenida a su nuevo cargo.

Sin embargo, Angelo viaja primero al Vaticano y después pasa unos días en su querido Sotto il Monte, esto lo renueva y lo hace sentirse como un adolescente, con muchas ganas de llevar a cabo su nueva actividad, de sentirse joven nuevamente, no hay duda, sigue siendo un hombre fuerte, saludable y jovial.

En Venecia, el domingo 15 de marzo de 1953, es un día de fiesta, por todos lados se ven góndolas adornadas, balcones con muchas flores, los puentes llenos de gente deseosa de ver de cerca a su nuevo cardenal-patriarca, por eso hay muchas flores, cientos, tal vez miles de ellas por toda la ciudad.

Este recibimiento no lo espera Angelo pero ¡cómo lo disfruta!, está feliz y goza cada segundo. Una embarcación de parte del Ayuntamiento lo recoge en la estación y lo lleva hasta la plaza de San Marcos, seguida por muchas lanchas de todo tipo, cuyos tripulantes saludan a su nuevo patriarca con amor y entusiasmo y a cambio, reciben muchas bendiciones y esa sonrisa que tantas puertas ha abierto al cardenal.

Con paso lento, Angelo entra en la basílica de San Marcos, su nuevo hogar, se postra ante el altar y eleva oraciones de agradecimiento a Dios por tanta bondad que recibe por parte de los venecianos. Ahora, no sólo no teme hablar en público sino que lo desea, quiere expresarse ante tantas muestras de cariño de la gente que está ansiosa por escucharlo, por lo que se pone de pie, voltea hacia donde lo miran los venecianos y les dice en su lenguaje sencillo y coloquial.

"Quiero hablarles con la mayor sencillez de corazón y palabra. Me han aguardado ansiosamente y probablemente les han dicho de mí actos superiores a mis méritos, por lo que quiero presentarme a mí mismo, humildemente. Como todos los hombres de aquí abajo, tengo algunas dotes: gozo de buena salud física y tengo cierto buen sentido, que me ayuda a ver las cosas pronto y con claridad: también tengo una tendencia al amor de los humanos, que me mantiene fiel a la ley del Evangelio, respetuoso de mi derecho y del de los demás y me impide hacer daño a nadie, alentándome, en cambio, a hacer bien a todos.

"Procedo de gente humilde y he sido educado en una pobreza alegre y bendita, que tiene pocas exigencias y que favorece las virtudes más elevadas y prepara a las sublimes ascensiones de la vida. La Providencia me sacó de mi pueblo natal y me hizo recorrer los caminos del mundo en Oriente y Occidente, aproximándome con personas de religiones e ideologías muy diversas, en contacto con problemas sociales arduos y amenazadores, pero conservándome siempre en calma y equilibrio en el juicio. Me han salvado la firmeza de los principios del credo católico y de la moral, siempre me he preocupado más de lo que une que de lo que separa y suscita controversias entre los hombres.

"Desde que fui un joven sacerdote, nunca aspiré a más que ser un buen cura rural en mi diócesis, pero la Providencia ha querido llevarme por otros caminos antes de llegar aquí.

"No miren a su patriarca como si fuera un político o un diplomático, busquen en él al sacerdote, al pastor de almas que va a ejercer su misión entre ustedes en nombre de Nuestro Señor".

La gente lo escucha embelesada, lo saben igual a ellos, de origen y vida humilde y por eso lo aclaman, Angelo lo disfruta pero de una manera singular, como si tanto amor de la gente es más a bien para otra persona y no para él, sólo así puede gozar sin remordimiento de ninguna especie este homenaje de los venecianos, verdadero signo de humanidad cristiana.

A los setenta y dos años, Giuseppe está más que dispuesto a escuchar otros problemas, a dar nuevas soluciones, ahora no es preciso aprender otro idioma y sí ejercer una misión pastoral directa con los feligreses, ¡por fin le es posible hacerlo!

Lamentablemente, no todo es miel sobre hojuelas, un año después, en 1954, Angelo acude a Líbano como legado pontificio en el Congreso Mariano Nacional de Beirut, allí, el cardenal revive viejas amistades y vivencias de Oriente, tan es así, que el cardenal de Armenia; Agagianian sostiene frecuentes y largas charlas con Roncalli, en las que se queja del olvido y centralismo del Vaticano, cuestión en la que ambos coinciden.

Por esta razón, en cuanto regresa a Venecia, celebra varias conferencias ecuménicas en la Sala de San Basso y explica los problemas de Oriente, de la dificultad existente por lograr una verdadera y real unidad católica, empezando por ejercer la caridad en todas sus dimensiones, pero estos, son asuntos que a los venecianos no les incomodan, por lo tanto, los reciben fríamente, casi con indiferencia y esto pone a pensar, profunda y meditadamente, a Angelo de si está solo en el mundo en la labor evangelizadora, ¿cómo es posible que se digan buenos cristianos cuando a nadie le importa lo que acongoja y preocupa al vecino, mucho menos a la gente que ni conocen? Esa no es la razón del catolicismo.

Con estos pensamientos, llega a festejar su aniversario de oro como sacerdote, es 1954 y no hay motivos para fiestas ni mucho menos, lo importante es continuar con la labor de divulgación de la palabra de Dios. Angelo siente un tremendo dolor, ya que en el transcurso de año y medio ha perdido a tres de sus hermanas y eso sí qué duele, tanto, que espera que pronto pueda reunirse con ellas y disfrutar, ahora sí, del paraíso prometido, aunque ese no es el designio inmediato de Dios, sino que todavía hay muchas sorpresas en la vida de Angelo Giuseppe Roncalli.

Por mientras, dos años después, en 1956, decide hacer un viaje a Portugal, al lugar donde la virgen de Fátima se apareció a tres humildes pastores a principios del siglo XX y que es un sitio casi obligado para la mayoría de los católicos, sin embargo, esta no será la única ocasión en que tenga que ver y mucho, con los tres mensajes de la Virgen de Fátima.

La más alta responsabilidad religiosa

El Papa, obispo de Roma y sucesor de San Pedro
es el principio y fundamento perpetuo y visible de unidad,
tanto de los obispos como de la muchedumbre de los fieles.
Vaticano

En los últimos meses de 1958, el Papa Pío XII sufre de una enfermedad que hace que su salud se vea cada vez más disminuida, por lo que Angelo reza fervientemente pidiendo porque recupere su buen estado. En sus casi veinte años de pontificado, se ha llegado a creer en la inmortalidad del Sumo Pontífice y el alto clero católico no está preparado para sustituirlo, ya que él se ha encargado de casi todo lo pertinente para no dejar nada al azar, incluso, dejó sin nombrar a su Secretario de Estado para asumir esa responsabilidad directamente.

Es por eso que, durante el fin del miércoles 8 y principio del jueves 9 de octubre de 1958, cuando fallece Pío XII, el Colegio Cardenalicio decide que, lo mejor, es tener un

Papa de transición, uno que sea totalmente pasivo y que dure relativamente poco como máximo jerarca de los católicos, así, por un lado, ganará tiempo para preparar mejor a los cardenales y por otro, se olvidará un poco la fuerte figura del fallecido y poder facilitar la labor del nuevo Papa.

Sobresalen dos nombres, Giovanni Batista Montini y Tardini, el problema con el primero es que no es cardenal, por lo tanto no es "papable" y el segundo no tiene toda la fuerza que debe para tan imperante cargo. También sobresalen los nombres de Siri, Canali, Ottaviani, Spellman, Tisserant, Lercaro, incluso el mismo armenio Agagianian, de gran amistad con Roncalli.

En este tiempo, los medios de información ya se han consolidado y ofrecen una serie de listas de los posibles candidatos a Papas, en la que los nombres cambian pero siempre hay uno que está en todas, constantemente. La prensa trata de ejercer su influencia para que salga uno de sus "elegidos", ¿el nombre?, Angelo Giuseppe Roncalli.

El colegio cardenalicio, entre sus propias ideas de un "Papa de paso" y las de los medios de comunicación, no se decide en lanzar el humo blanco que anuncie la buena nueva al mundo y esto toma mayor auge, una vez terminados los pomposos funerales de Pío XII, es entonces cuando la gente voltea hacia el Vaticano y empieza a analizar, ahora si con calma, los posibles sucesores del recientemente fallecido.

El tradicional discurso con que el Secretario de Breves a los Príncipes, con que se abre el cónclave para elegir al nuevo Papa, lo hace monseñor Antonio Bacci, respetado estudioso del latín y con su pensamiento claro y preciso. Él les dice y solicita a los cardenales que elijan no a un hombre sino a un santo, padre, pastor y maestro, para que sirva de puente directo entre el Cielo y la Tierra y entre los países del mundo.

Casi nada, los cardenales del cónclave respetan mucho las palabras del también futuro cardenal Bacci, pero no las comprenden del todo, por eso, monseñor Bacci remata su intervención con esta petición: "Eminentísimos Sacerdotes, den a la iglesia de Cristo un pastor con esas cualidades y ¡háganlo cuanto antes! No tomen en cuenta las consideraciones terrenales y solamente fijen la mirada en Dios".

Pero ¿quién es más santo, pastor, padre y maestro que otros?, ¿quién tiene todas estas cualidades y carta abierta con Dios para lograr cohesionar todos los intereses en juego? Esa, es una misión realmente muy difícil.

Si alguno de ellos recuerda la lista "profética" de San Malaquías, un sacerdote de principios del año mil, no tendrá problema para descubrir quién es el elegido, ya que según este santo, el siguiente Papa, después de Pío XII, debe distinguirse precisamente por ser *pastor y navegante*. Es decir, alguien que aglutine, que sume y multiplique y que además, conozca y esté dispuesto a viajar para llevar a cabo la evangelización desde la posición más alta del catolicismo, el papado.

Entonces, ¿quién es el candidato ideal?, no lo saben los integrantes del Sacro Colegio Cardenalicio y menos cuando la muerte, por mandato divino, interviene en dos de los miembros del cónclave. Primero es el cardenal Constantini quien fallece una semana antes de iniciado el consejo y después Eduard Mooney, quien asiste durante la mañana al colegio y en la tarde sufre un ataque al corazón que lo priva de la vida; estas dos muertes apresuran a los restantes cardenales a llegar a una pronta y buena decisión sobre la designación o elección del nuevo Papa.

Durante tres días se aislaron, ningún contacto con gente de fuera del Vaticano, con lo que se da paso a especulaciones, sobre todo, por parte de los medios informativos, los cuales quitan y agregan nombres a su gusto, aunque varios de ellos no estén nunca considerados como papables.

La decepción entre millones de fieles al catolicismo va en aumento en cada ocasión en que el humo negro sale del

Vaticano, cuando algún candidato no lograr reunir dos tercios más un voto para poder ser elegido Papa, ya han votado ¡diez veces! y ninguna unifica el criterio de los cardenales.

El martes 28 de octubre de 1958, al amanecer del tercer día de votaciones infructuosas, se han colado los nombres de algunos de los candidatos más firmes y entre ellos aparece el nombre de Angelo Giuseppe Roncalli y él, sabiendo que es un cargo al que nunca ha aspirado, clama al Cielo esperando ser escuchado: "¡No soy digno, no soy digno, no soy digno!" Pero esa, es una decisión que no le corresponde.

En el cónclave, los cardenales son llamados, por undécima vez, a que voten, esta vez no habrá más demoras, será la definitiva y no saldrán de ahí hasta que salga humo blanco y se anuncie el tan esperado *Habemus Papa*.

Lo más desesperante para Angelo es que, siendo él cardenal, está presente en el cónclave y a cada voto que se escucha él dice *Ave María Purísima*, ya que el apellido que se escucha es el de ¡Roncalli, Roncalli!, así, hasta que se rebasa y con mucho, los dos tercios más uno de los votantes a favor de Angelo Giuseppe.

Los votantes, en definitiva, piensan: ¿cómo equivocarse teniendo un "candidato ideal" para un papado de transición y así preparar al siguiente cuando Angelo, de ¡setenta y siete años! deje este mundo?

Pero con lo que no cuentan es que, una vez que Giuseppe asimile su nueva y altísima responsabilidad, la tomará como todo en su vida, con la seriedad y enjundia, entusiasmo y creatividad que siempre lo han caracterizado. ¿Quién puede pensar que un anciano de setenta y siete años pueda provocar una revolución dentro de la iglesia católica?, nadie, absolutamente nadie, mas que Angelo.

Una vez hecho el recuento final de los votos, los cardenales no elegidos dejan caer los doseles que los cubren y únicamente queda descubierto el de Giuseppe, por haber sido electo Papa, entonces, los cardenales Tisserant, Van Roey y Canali se ponen de pie y lenta y ceremoniosamente se dirigen hacia Angelo para preguntarle formalmente, según el ritual antiguo y aceptado: *Angelo Giuseppe Roncalli: ¿aceptas tu elección canónica como Sumo Pontífice?* La respuesta fue corta y directa: "Sí, acepto".

Entonces, la gente expectante que espera en la Plaza de San Pedro y en el mundo, descubren animosas que el humo que empieza a salir es blanco, el rumor corre a velocidad de la luz, todos gritan vivas al nuevo Papa, no saben quien es, pero ya saben que ha sido elegido.

Muchos tratan de adelantarse al anuncio oficial, entre ellos los medios de información masiva y comienzan a divulgar nombres de supuestos cardenales, pero ninguno acierta a dar el correcto.

Entonces, tienen que esperar a que, en punto de las 18:00 horas, las puertas del balcón central de la fachada de San Pedro se abran. Y así es, exactamente a esa hora, el cardenal Canali lanza este mensaje en latín al mundo católico y a quien quiere escucharlo: "Con gran alegría les anuncio: ¡Tenemos Papa! Es el eminentísimo y reverendísimo señor Angelo Giuseppe Roncalli, quien asume el nombre de Juan XXIII".

Y la gente lo aclama, aunque desconozca la mayor parte de su vida sacerdotal y diplomática, eso no importa por ahora a la gente común, está feliz porque ya tienen nuevo Sumo Pontífice y eso es lo que cuenta.

Ceremonia de Asunción

Desde que amanece, Angelo ya está inmerso en el torbellino de la asunción de nuevo Papa y mientras empieza el ritual de desvestirse y dejar su ropaje de cardenal y volver a ataviarse, ahora con su nueva investidura de Papa, él comenta a su secretario, Loris Capovilla y los demás presentes, que adopta el nombre de Juan, porque le es muy querido, primero, porque es el nombre de su padre, después, por ser el nombre de la parroquia donde lo bautizaron y finalmente, porque es el de muchas catedrales, destacando la que será la primera, la de él, la de Roma.

Pero, principalmente, porque es el nombre del precursor de Jesucristo y el de su discípulo amado, Juan el Evangelista, Juan el Bautista, por lo que se encomienda a él y a la Virgen María para que lo ayuden en su nueva y gran responsabilidad, ser el líder de millones de católicos distribuidos en todo el mundo, bajo el nombre de Juan XXIII.

En seguida, llega a la sacristía y se quita su solideo (bonete) púrpura y con una pequeña ceremonia, lo coloca en la cabeza del secretario del cónclave que lo eligió Papa, monseñor Di Jorio, dando pie así, a que a partir de ese momento, el monseñor pasa a ser cardenal, como los usos y costumbres lo han hecho durante años.

Angelo se coloca su bonete blanco, pero el primer problema se presenta cuando, al probarse tres de los juegos de vestiduras papales que se tienen siempre de reserva, ¡ninguno le queda! ya que Giuseppe es de figura robusta y hasta regordeta, por lo que se tienen que hacer ajustes urgentes con el que mejor le queda, aunque eso le significa una tortura de llevar un ropaje tan apretado, él lo acepta, ya que no quiere hacer esperar a los miles de fieles que están impacientes en la Plaza de San Pedro, por conocer al nuevo Papa, al reciente Sumo Pontífice, a Juan XXIII.

Angelo es conducido al gran balcón de la basílica del Vaticano para hacer su presentación oficial y ofrecer su primera bendición *urbi et orbi*, es decir, a todos los humanos y al mundo entero. Lejos queda ya ese párroco novicio que le da miedo hablar ante algunas decenas de personas en un templo pequeño y humilde, ahora, Juan XXIII es dueño de la situación, no es soberbia, sino lo contrario, humildad, ya que la labor de un seminarista recién egresado y la de un Papa, en esencia, es la misma, evangelizar y divulgar la palabra de Dios, ese es el único camino para llegar hasta el paraíso.

Después de esta primera presentación "entre la sociedad" cristiana y católica, Juan XXIII se dirige a la Capilla Sixtina para recibir salutaciones de altos funcionarios de gobiernos y de las personas que más le importan, la de la gente del pueblo, la humilde, la que es capaz de llorar por haber estado cerca de él, la que lo bendice y se extasía con su presencia y aunque se siente incómodo de ser el centro de atención de millones de católicos de todo el mundo, su pensamiento en ese momento, está con sus hermanos, hermanas, su madre y principalmente, su padre.

Desde luego, los hermanos de Angelo que aún están con vida tienen un lugar de privilegio en el momento de la asunción de Juan XXIII, incluso, a una de sus sobrinas que es monja, sor María Angela Roncalli y que vive en Roma, también la recibe y le dice con mucha naturalidad: "Ya ves, ¡ahora me toca ser Papa!, pero no pienses que vivirás mejor ni que los haré ricos por eso, no. ¡Seguiremos trabajando como siempre! Entiende que, ser parientes del Papa significa ser cristianos perfectos".

Como una muestra de que Juan XXIII no será ningún Papa de transición, ni uno fácil de influenciar, ni mucho menos uno pasivo, a partir de que termina su presentación pública y reunido con los cardenales del cónclave, una vez finalizada la ceremonia de acatamiento a las disposiciones del Papa, Juan XXIII les pide que se queden un poco más, que necesita hablar con todos y esto, nunca antes ha sucedido en la historia de los Papas, causa sorpresa en todos y molestia en algunos de ellos, pero es así como el Pontífice quiere que sean las actos a partir de ya, con su sello personal y rompiendo protocolos, si es necesario, por una buena causa.

El primer día como Papa lo pasa Juan XXIII como es su costumbre, trabajando y durmiendo poco, esa es su rutina y no la va a cambiar, al contrario, ahora es más necesaria para afrontar todas sus nuevas y grandes responsabilidades. Lo acompañan en esta experiencia, el latinista Bacci, monseñor Dell'Acqua y su secretario Capovilla, están preparando el primer mensaje al mundo y esto requiere de paciencia y más paciencia.

Al siguiente día, Juan XXIII se levanta muy temprano, se siente más jovial, fresco y feliz. Desayuna ligeramente y se reúne con el Sacro Colegio, dándoles instrucciones a los sorprendidos cardenales que estos acatan totalmente.

En seguida, sale al gran balcón del Vaticano en donde lo esperan miles de fieles, aglutinados en la Plaza de San Pedro. Es a ellos y a los millones de católicos en el mundo a quienes se dirige con este mensaje: "Abrazamos con ardiente y paternal amor, tanto a la iglesia occidental como a la oriental, incluso, a aquellos que están separados de esta Sede Apostólica, donde Pedro vive en sus sucesores hasta la consumación de los siglos.

"Tengo por mandato de Jesucristo la misión de atar o desatar lo que sea necesario en la tierra y de ser pastores de todo el rebaño del Señor. A estos, decimos que abrimos nuestra alma más amorosamente y extendemos nuestros brazos abiertos. Al abogar por su retorno a la casa del Padre de todos, repetimos aquellas palabras del Divino Redentor: *Santo Padre, no te olvides de aquellos que me has dado. Pueden ser lo mismo que somos nosotros. Así entonces, habrá un solo rebaño y un solo pastor*.

"Rogamos a Dios para que puedan venir todos jubilosos y libremente y para que esto suceda pronto, con la inspiración y ayuda de la divina gracia. No encontrarán una casa extraña, sino la propia, que ya en tiempos remotos fue hecha esplendorosa por la famosa sabiduría de sus antepasados y adornada por sus virtudes".

A todo vapor

Desde el primer día, como ya quedó asentado líneas arriba, Juan XXIII no está dispuesto a seguir un juego y tradiciones protocolarias si realmente no hay una justificación para hacerlos, él jamás será un Papa más, alguien que fue elegido más por su edad que tomando en cuenta sus muchos méritos, pero que él mismo no está dispuesto a seguir esa rutina, pensando en el "mientras me muero".

Juan XXIII nombra a monseñor Tardini como Secretario de Estado, este hecho parece contradictorio, ya que Domenico siempre estuvo en desacuerdo en que Angelo desarrollara actividades diplomáticas en Oriente, pero esto es sólo una pequeña diferencia de criterios, ya que también es muy trabajador, goza de buena salud y conoce perfectamente bien las complicaciones de la curia romana, algo a lo que Angelo siempre se había negado a vivir y a descubrir y lo mejor, es que también tiene un origen campesino, por lo que son más los puntos de coincidencia que las diferencias.

Los cambios no se hacen esperar, empieza por romper con la tradición de que el Papa debe comer solo, esto no lo soporta porque necesita estar en comunicación constante con la gente, la hora de los alimentos no debe ser motivo suficiente como para no estar trabajando y después de las primeras dos semanas y de revisar el antiguo Testamento y los evangelios, él dice: "No he encontrado en estos documentos una sola línea en donde esté escrito que el Papa debe comer en completa soledad, de tal forma que no pienso seguir haciéndolo".

Algunos días después, se reúne con el director del periódico del Vaticano, *L'Osservatore Romano* y lo instruye para que modifique la redacción de algunas notas, quiere que sean más directas, precisas, objetivas y más periodísticas, por lo que no duda en decirle: "No me gustan los antiguos formalismo ni las exageraciones, por favor, de ahora en adelante evite frases como *los augustos labios del Romano Pontífice* o eso de *la soberana autoridad*. Mejor será escribir simple y llanamente: *el Papa ha dicho esto o lo otro*. Así, el periódico será más dinámico en su lectura y menos rimbombante". Ese, es un excelente sentido periodístico, ya que no está censurando las notas, sino sólo la forma de redactarlas, por lo que, lo único que pide es que sea más actualizado el lenguaje.

Coronación y ¡a trabajar en serio!

El protocolo que no puede eludir Juan XXIII es el de la coronación, el final de todas las festividades organizadas alrededor del nuevo Papa, es por eso que quiere que sea lo más pronto posible y después, ponerse a trabajar en serio, ¡como si todo lo anteriormente hecho en su vida no lo hubiera sido! Pero así lo ve él , por lo tanto, elige el martes 4 de noviembre de ese mismo 1958, ya que ese día se festeja a San Carlos Borromeo, uno de sus santos más venerados.

Durante cuatro horas, Juan XXIII soporta estoicamente la pesada ceremonia de coronación, por primera vez, millones de personas están presentes, "en vivo" ya que es transmitida por radio y televisión a todo el mundo y lo que se escucha y ve desde los hogares, es a un Papa muy solemne y callado, tal vez, hasta apesadumbrado por tener que estar ahí y no "trabajando".

En cada ocasión que puede, voltea a mirar a sus hermanos, nuevamente en un sitio de honor, pero no por razones de parentesco, sino porque ya no es posible que vean nada si no están cerca de ellos los objetos, las personas y las acciones.

Por supuesto que ese día es muy importante para la figura del Papa aunque él no lo vea así. Prepara en su homilía, una pieza de oratoria en donde, otra vez, da muestras claras de lo que desea lograr, a pesar de las supuestas o reales limitaciones que le impone la edad.

"En estos días llenos de arcanos y formidables sucesos, al prestar nuestros oídos a las innumerables voces que llegan hasta nosotros de las multitudes de los hombres, aunque, por una parte, nos reporta no poco consuelo el sentimiento y la manifestación de la alegría común con que ha sido saludada nuestra elevación al Supremo Pontificado, por otra causa en nuestro ánimo, ansiedad y perplejidad, aquella múltiple variedad de extraordinarios deberes que caen sobre nuestros hombros.

"Quiero decir los deberes que de diversos modos nos son manifestados y que cada cual propone de modo distinto, según su propio talento, su experiencia y la peculiar manera de entender la vida y la de la misma sociedad. En efecto, hay quienes desean, sobre todo, un Pontífice versado en cuidar de las acciones públicas de la sociedad o un perito en diplomacia o dotado de ciencia en todas las múltiples disciplinas o prudente en la ordenación de la vida común, o finalmente, un Pontífice cuyo ánimo abarque todos los desarrollos de nuestra progresiva edad, sin tener en cuenta ninguna debida discriminación.

"Sin embargo, venerables hermanos y amados hijos, todos estos no andan, de ninguna manera, por el camino debido, porque se forjan una imagen del Sumo Pontífice que no es totalmente adecuada al recto consejo y propósito. Así entonces, el nuevo Pontífice, por las vicisitudes de su vida, puede ser comparado con aquel hijo del patriarca Jacob, quien, contemplando a su lado a sus hermanos, víctimas de gravísimas tribulaciones, se manifiesta a ellos amante y compasivo, diciendo: *¡Yo soy José, su hermano!*

"El nuevo Pontífice representa aquella preclarísima imagen evangélica, con la que el Buen Pastor es descrito por el evangelista San Juan con palabras del Divino Salvador: *Yo soy la puerta de las ovejas.* En este rebaño de Jesucristo, nadie puede entrar sino guiándole el Sumo Pontífice y los hombres solamente en tal caso, pueden salvarse con seguridad, estando unidos con él, ya que el Romano Pontífice es el Vicario de Cristo y representa en la Tierra a su persona.

"¡Cuán dulce, cuán suave es recordar aquella imagen del Buen Pastor descrita en la narración evangélica en términos tan atrayentes!

"Pero el principal fundamento de las enseñanzas divinas y el precepto que comprende y abarca los demás, se expresa en las palabras evangélicas: *Aprendan de mí, que soy manso y humilde de corazón*. La ley más excelente es la mansedumbre y la humildad.

"Cuantos en la Tierra son piadosos y fervorosos de espíritu, les ruego que oren a Dios con súplica constante por su Pontífice con esta intención en las mentes: Que avance más y más en la mansedumbre y la humildad evangélicas. Tenemos la persuasión de que brotarán muchos bienes del ejercicio de estas virtudes y de que si tal es constantemente la conducta del padre de todos los fieles, nacerán de ello beneficios de gran trascendencia, incluso, en el orden de las necesidades humanas relativas a los problemas sociales y terrenales".

Una vez finalizada la misa solemne, el Papa es llevado hasta el balcón principal para recibir la triple tiara que lo corona como Sumo Pontífice y como un regalo para todos, lanza una bendición para todo el mundo, *urbi et orbi*.

Inicio formal del pontificado

Desde los primeros días del pontificado de Juan XXIII, él hace todo lo que es necesario para acercarse a las personas que pueden ayudarlo en su labor papal, toma el teléfono y llama a estas personas para convencerlas de que cooperen en el logro de los cambios que ya dan vueltas en su cabeza.

Es por esto que no deja de ser curioso que platique con gente humilde como él, que trabaja en el Vaticano, como jardineros, elevadoristas, cocineros, obreros, etcétera y con este contacto, descubre que muchos de ellos apenas ganan el dinero necesario para llevar lo indispensable a sus familias y después de una revisión, autoriza un mayor ingreso para ellos, entre 25% y 40%, desde luego, que esto no es del agrado de algunos monseñores y hasta cardenales, porque lo que ellos obtienen es un aumento inferior al otorgado a los empleados del Vaticano.

Y para presionarlo, le dicen que para poder otorgar esos aumentos en los salarios es indispensable reducir el monto de las obras de caridad que durante muchos años ha ofrecido el Vaticano y lo que menos esperan es una respuesta de este tipo: "Bien, eso está bien, si es preciso reducir esas aportaciones de caridad, lo haremos, porque estos aumentos son de total y absoluta justicia, nada más y la justicia está antes que la caridad". Es decir, la caridad y justicia comienza en casa, así de simple y sencillo.

Otra acción que resalta es que durante las audiencias diarias en donde el Papa recibe, saluda y bendice a todos los que se acercan a él, Juan XXIII no tiene ningún recelo como los que tuvo su antecesor, Pío XII, quien no podía dormir durante varios días pensando si los que han acudido a las audiencias públicas son católicos o con qué fin lo hicieron. Esto no preocupa al nuevo Papa, ya que piensa que: "Si vienen a verme es porque me quieren y me queda la alegría de que algo de bueno se les pegará de lo que les digo. Durante las noches, le dejo al Señor todos los problemas y preocupaciones y le digo: *Ahora me voy a dormir, mañana seguiré trabajando*".

Y efectivamente, Juan XXIII duerme pocas horas pero lo hace tan profundamente que no requiere mas que ese breve lapso para recuperar fuerza y levantarse totalmente renovado, lo ha hecho durante más de setenta años y le ha dado magníficos resultados.

Aunque las responsabilidades son muchas, siempre hay tiempo para un poco de distracción y de buen humor, ya que se cuenta que en una ocasión en que Juan XXIII hace uno de sus recorridos frecuentes por instituciones y hospitales católicos, la monja encargada del hospital del Espíritu Santo, está muy nerviosa y emocionada porque sabe que el Papa visitará a los pacientes y en cuanto lo ve llegar, emocionada, se adelanta a todos para recibirlo y le dice muy contenta.

—¡Santísimo Padre, yo soy la superiora del Espíritu Santo!

Y exclama Juan XXIII con una cara de regocijo y de complicidad con él mismo.

—¡Caramba, que suerte tiene usted! Yo sólo soy el Vicario de Jesucristo.

Y así, lo mismo ríe de sus ocurrencias que llora junto a los presos de los penales, quienes se conmueven por estar cerca de él, por saludar al máximo jerarca de los católicos y aunque esto causa muchos problemas de seguridad, Juan XXIII no parará de hacer sus frecuentes visitas sólo porque algunas autoridades italianas se enojan por tener que desplegar todo un equipo de guardias de seguridad, ya que él sabe, siente, que nadie le hará el más mínimo daño, por lo que no entiende el por qué de las preocupaciones de la policía italiana.

Sacudida hasta los cimientos del Vaticano

El domingo 25 de enero de 1959, Juan XXIII cimbra a los fieles católicos y de otras religiones cristianas y sobre todo, a muchos de los cardenales que lo eligieron, pensando en un papado de "transición" sin mayores complicaciones.

El Pontífice hace el anuncio a la ciudad y al mundo de la convocatoria y celebración del Concilio Ecuménico XXI o Vaticano II, para la unión del mundo cristiano. Los celebrados anteriormente se pierden en la historia, por eso, Juan XXIII decide que es tiempo y lugar para llevar a cabo el siguiente, ya que el anterior, llevado a cabo por Pío IX, tiene noventa años de antigüedad y quedó inconcluso y el inmediato anterior a ese, data del Concilio de Trento, hace aproximadamente ¡cuatrocientos años!

Las preguntas son muchas y casi no hay ninguna respuesta, pero la principal es, ¿para qué hacer un concilio? si la iglesia católica está bien así, dando una imagen de solidez y casi perfección, pero que es poco creíble para la gente pensante, que hay mucha. Por eso, Juan XXIII da como respuesta, que le ha sido inspirado por Dios directamente y que él siempre ha sido estrictamente disciplinado con los ordenamientos de sus superiores y después de Dios no hay nadie más.

Los detractores dicen que no es tiempo para ello, pero ¿cuándo lo será?, para ellos, probablemente nunca, ya que la iglesia católica está no solamente dormida sino ¡hasta roncando!, según el concepto del Papa, por lo que ¡urge despertarla!, después moverla para que se levante, se asee y finalmente se aliste para ir a trabajar en serio, en pro de las congregación católica cristiana.

La convocatoria al Concilio Vaticano II tiene como objeto llevar a cabo la renovación de la vida religiosa católica, gracias a la modernización (*aggiornamento*) de la enseñanza, la disciplina y la organización de la Iglesia católica, así como alentar la unificación de los cristianos, extender el ecumenismo eclesiástico y posibilitar el acercamiento a otras creencias. Esto, así de simple, es sumamente complicado de entender para las varias mentes cerradas que rodean a Juan XIII.

A partir de este momento, todos, absolutamente todos, tienen que ponerse a trabajar, hasta los inmovilistas, flojos y perezosos de siempre que miran al Pontífice ya con desconfianza, ya con desprecio, incluso, algún cardenal lo amenaza con sufrir el fuego eterno del infierno si continúa con esta importantísima labor. Desde luego que el infierno no es una palabra que atemorice para nada a Juan XXIII, él sabe que todo lo que hace y dice es por inspiración divina, por lo tanto, sólo obedece a Dios y él se lo ha ordenado, ¿puede haber alguna otra razón de mayor peso?

Pero el anuncio ya está hecho públicamente y no hay marcha atrás, por lo que, de inmediato se crean comisiones con personas que, de una u otra forma, han trabajado en algún tipo de organización de eventos, toda la experiencia, por mínima que sea, es válida para empezar a construir, para que ésta sacudida de la conciencia cristiana de todos los frutos que se esperan.

Los preparativos para el Concilio comienzan desde mayo de 1959, cuando se piden sugerencias a los obispos católicos del mundo, a las facultades teológicas y a las universidades. Se integran trece comisiones preparatorias con más de ¡mil miembros!, que son seleccionados para analizar y seleccionar las versiones preliminares sobre un amplio abanico de temas. Los miembros del Concilio con derecho a voto son obispos católicos y superiores de las órdenes religiosas masculinas. Para este efecto y para un mayor control de calidad, en 1960, Juan XXIII aumenta a 85 el número de cardenales.

La maquinaria empieza a funcionar y la apertura de Juan XXIII hacia otras religiones se hace patente con la creación, en 1960, del Secretariado para la Promoción de la Unidad de los Cristianos, con sus contactos con la iglesia ortodoxa, con los líderes protestantes, con el Consejo Mundial de las Iglesias y por su fomento del diálogo con los judíos.

Pero aún antes de celebrar la primera reunión del Concilio, Juan XXIII ya ha hecho contacto con los líderes de las asociaciones cristianas separadas del catolicismo, por ejemplo y para orgullo del Papa, el doctor Fisher, primado de la iglesia anglicana, visita al Pontífice el viernes 2 de diciembre de 1960, es una entrevista que a nivel mundial recorre todas las redacciones de periódicos y estaciones de radio y televisión.

A este respecto, publica *Boni Pastoris*: "Buen Pastor" donde reconoce la importancia de la producción radiofónica, cinematográfica y televisa y les hace un exhorto para que cumplan con su trabajo, observando los valores cristianos y humanos.

"El cargo de Buen Pastor de toda la grey del Señor, que desde el comienzo de Nuestro Pontificado afirmamos sernos 'especialísimamente caro' mientras nos hace estar siempre atentos a todas las necesidades de la Iglesia, nos impele también a considerar, con particular solicitud, los factores que con el progreso de la civilización moderna influyen en la vida espiritual del hombre; entre estos se deben contar la radio, la televisión y el cine.

"Nuestro predecesor Pío XII, de inmortal memoria, había llamado ya la atención repetidas veces de los fieles y de todos los hombres de recta intención, con una importante Encíclica y con conocidos Discursos, sobre el grave deber que les incumbe de utilizar estas técnicas admirables de difusión conforme al plan providencial de Dios y en consonancia con la dignidad del hombre a cuya perfección deben servir.

"A tal fin, el mismo predecesor nuestro quiso 'instituir en la Curia Romana una comisión especial' a que encomendó la fiel ejecución de cuanto se mandaba y recomendaba en la Encíclica Miranda en las cuestiones pertinentes a la fe, moral y disciplina eclesiástica en el sector de la radio, de la televisión y del cine.

"Reflexionando entonces sobre los graves problemas que en el campo de la moralidad pública, de la propaganda de las ideas y de la educación de la juventud, suscitan las mencionadas técnicas audiovisuales de difusión, que tanto influjo ejercen en las almas, deseamos hacer nuestras y confirmar las exhortaciones y disposiciones de nuestro predecesor y contribuir a convertir en positivos instrumentos del bien los medios que la divina Bondad ha puesto a disposición de los hombres. Porque a nadie se le ocultan las grandes posibilidades que ofrecen el cine, la radio y la televisión para la difusión de una cultura más elevada, de un arte digno de este nombre y sobre todo de la verdad.

"Siendo Patriarca de Venecia nos fue dado más de una vez recibir junto a nosotros y exhortar paternalmente a exponentes del arte y de la industria cinematográfica y después de la elevación, por secreta disposición de la Divina Providencia, al Sumo Pontificado, hemos podido expresar nuestra benevolencia a los directivos de la radio, de la televisión y del cine y después no hemos omitido ninguna ocasión oportuna para animarles a ser fieles al ideal cristiano de su profesión.

"Sin embargo debemos deplorar con pena de nuestro corazón los peligros y daños morales que no pocas veces provocan ciertos espectáculos cinematográficos y transmisiones radiofónicas y televisivas que atentan a la moral cristiana y a la misma dignidad de la persona humana.

"Por tanto, exhortamos paternalmente una y otra vez a los responsables de tales producciones y transmisiones a que sigan siempre los dictados de una recta y delicada conciencia, como conviene a quien se halla investido del gravísimo deber de educar.

"Al mismo tiempo, de nuevo encomendamos a la vigilancia y a la experta solicitud de Nuestros Venerables Hermanos los Arzobispos y Obispos, las diversas formas de apostolado ya recomendadas en la citada Encíclica Miranda y en particular las Oficinas Nacionales constituidas en cada país para dirigir y coordinar todas las actividades católicas en el campo del cine, de la radio y de la televisión. Entre estas actividades recomendamos las iniciativas de carácter formativo y cultural, como la presentación y la discusión de las películas dotadas de especiales méritos artísticos y morales.

"Además, como quiera que la naturaleza misma de los mencionados medios de difusión exige -aún por lo que respecta a la competencia de la Santa Sede- unidad de dirección y de acción, establecemos *motu propio*, con ciencia cierta y después de madura deliberación, con la plenitud de la Autoridad Apostólica, en virtud de esta Carta y de modo perpetuo, las siguientes normas a las que se ha de atener en sus funciones la Comisión Pontificia de Cine, Radio y Televisión, y derogamos las disposiciones contenidas en el Estatuto de dicha Comisión que hasta ahora han estado vigentes.

"Así pues, decretamos y establecemos que la Comisión Pontificia de Cine, Radio y Televisión tenga carácter permanente y estable como Oficina de la Santa Sede, a cuyo cargo esté el examinar los diversos asuntos que se refieren al Cine, Radio y Televisión, ayudar a su progreso y dirigir su actividad según las prescripciones y normas de la Encíclica Miranda por sus y de acuerdo con las disposiciones que en lo futuro diere la Santa Sede.

"Es también incumbencia de esta Comisión Pontificia tener conocimiento de la orientación y de la realización práctica de la producción cinematográfica, de las audiciones radiofónicas y de las transmisiones televisivas; dirigir e incrementar la actividad de los Organismos Católicos Internacionales y de las Oficinas Eclesiásticas Nacionales de Cine, Radio y Televisión, en particular con respecto a la censura de las películas, a las transmisiones radiofónicas y televisivas destinadas a la propaganda religiosa y a la instrucción de los fieles, especialmente de la juventud, en lo tocante a su responsabilidad frente a esta clase de espectáculos; finalmente estar en comunicación con las Sagradas Congregaciones y Oficinas de la Santa Sede, con las Conferencias Episcopales y con cada uno de los Ordinarios del lugar en lo que atañe a estas múltiples como difíciles cuestiones.

"Las Sagradas Congregaciones de la Curia Romana y demás Oficinas de la Sede Apostólica pedirán el parecer a esta Comisión antes de dictar cualquier prescripción o conceder cualquier autorización en puntos relacionados con el cine, radio y televisión, e informarán a dicha Comisión de las medidas que cada una tomare según su competencia.

"Al frente de la Comisión de Cine, Radio y Televisión habrá un Presidente, el cual, cada seis meses, presentará un informe de las actividades de dicha Comisión. Formarán parte de la Comisión los Asesores y Secretarios de las Sagradas Congregaciones del Santo Oficio, Consistorial, para la Iglesia Oriental, del Concilio, de Religiosos, de Propaganda Fide, de Seminarios y Universidades y el Sustituto de Nuestra Secretaría de Estado; a los cuales se podrán añadir otros miembros según nuestro beneplácito.

"El Presidente tendrá como auxiliares en su trabajo al Secretario de la Comisión y otros Oficiales. La Comisión estará además asesorada por un Colegio de Consultores designados por la Santa Sede, particularmente expertos en el campo del apostolado del cine, de la radio y de la televisión.

"La Comisión tendrá a su cargo la Cineteca Vaticana, que nos proponemos organizar para coleccionar la documentación cinematográfica de interés para la Santa Sede.

"Finalmente la Comisión tendrá su sede en la Ciudad del Vaticano y quedará agregada a nuestra Secretaría de Estado, sin que obste nada en contrario.

"Bendecimos, entonces, de corazón las actividades de la Comisión Pontificia de Cine, Radio y Televisión, cuya fructífera labor desarrollada en el pasado hemos apreciado en gran manera.

"Así lo declaramos y establecemos, decretando que las presentes Letras sean siempre totalmente firmes, valederas y eficaces; que surtan efecto entera y plenamente; que sean de plena utilidad ahora y más adelante a aquellos a quienes se dirigen o podrán dirigirse; que así se ha de juzgar y definir legítimamente y que desde ahora será sin valor todo lo que a sabiendas o por ignorancia fuere intentado en contra, a propósito de esta materia por cualquier persona en virtud de cualquiera autoridad.

"Dado en Roma, junto a San Pedro, bajo el anillo del Pescador, el día (domingo) 22 de febrero del año 1959, de Nuestro Pontificado el primero. Juan Papa XXIII."

Esto es sólo el principio, posteriormente, continúan las visitas de dirigentes de distintos niveles, pero todos con poder de decisión o de influencia entre sus fieles, por lo que no es extraño ver en el Vaticano a personas que profesan las religiones ortodoxa, reformada, protestante y de muchas otras que han sido invitadas como observadores de los trabajos del Concilio

Juan XXIII no deja nada a la suerte o a la "buena de Dios" sabe que hay que estar al pendiente de todo y así lo hace, supervisa cada paso que se da y siente que él, como persona, ya no pertenece a nadie más que a Dios, por eso, escribe: "Desde que el Señor me ha querido, tan miserable como soy, en este gran servicio, ya no me siento pertenecer a nada en particular en la vida; familia, patria terrenal, nación, orientaciones especiales en materia de estudios o de proyectos, aun siendo buenos. Ahora más que nunca, no me reconozco sino indigno y humilde *servus Dei et servus servorum Dei*. Todo el mundo es mi familia. Esta sensación de pertenencia universal debe dar tono y vivacidad a mi mente, a mi corazón y a mis acciones".

Sin embargo, por esa misma inercia, Juan XXIII cada día tiene menos tiempo para él y más para la organización del Concilio, cuando puede, roba algunos minutos a su apretada agenda para, al menos, pasear por los hermosos y coloridos jardines del Vaticano.

El tiempo pasa y el Papa siente que el suyo ya está por terminar, por eso, desea hacer todo lo posible para que el Concilio marche con o sin él. Así, el lunes 15 de mayo de 1961 Juan XXIII da a conocer su encíclica *Mater et Magistra*, considerado como la más sólida aportación del Pontífice, en la cual, muestra su enorme preocupación por la problemática social mundial:

"Una profunda amargura embarga nuestro ánimo ante el espectáculo inmensamente triste de innumerables trabajos de muchas naciones y continentes enteros, a quienes se les paga un salario que los somete a ellos y a sus familias, a condiciones de vida infrahumanas. Esto, sin duda, se debe, además, al hecho de que en aquellas naciones y en aquellos continentes, el proceso de industrialización está en sus inicios o en fase aún no lo suficientemente avanzada.

"Pero en algunas de esas naciones, la abundancia y el lujo desenfrenado de unos pocos privilegiados, contrastan de manera estridente y ofensiva con las condiciones de extremo malestar de muchísima gente; en otras, se llega a obligar a la generación actual a vivir con privaciones inhumanas para aumentar la eficiencia de la economía nacional, conforme a ritmos acelerados que sobrepasan los límites que la justicia y la humanidad consienten; mientras que en otras naciones, un elevado tanto por ciento de la renta se consume en robustecer o mantener un malentendido prestigio nacional o se gastan sumas enormes en armamentos.

"Además, en las naciones económicamente desarrolladas, no raras veces se advierte que, mientras se fijan altas o altísimas compensaciones por prestaciones de poco esfuerzo o de valor discutible, corresponden retribuciones demasiado bajas e insuficientes al trabajo asiduo y provechoso de categorías enteras de ciudadanos honrados y trabajadores y en todo caso, sin proporción con lo que contribuye al bien de la comunidad o al rédito de las respectivas empresas o al rédito total de la economía de la nación.

"Por eso, creemos que es nuestro deber afirmar, una vez más, que la retribución del trabajo, así como no se puede abandonar enteramente a la ley del mercado, tampoco se puede fijar arbitrariamente, sino que ha de determinarse conforme a justicia y equidad.

"Esto exige que a los trabajadores les corresponda una retribución tal que les permita un nivel de vida verdaderamente humano y hacer frente con dignidad a sus responsabilidades familiares, pero además, exige que, al determinar la retribución se mire a su aportación efectiva en la producción y a las condiciones económicas de la empresa, a las exigencias del bien común de las respectivas comunidades políticas, particularmente, en lo que atañe a las repercusiones sobre el empleo total de las fuerzas laborales de toda la nación, así como también a las exigencias del bien común universal, o sea, de las comunidades internacionales, de naturaleza diversa y amplitud".

Si este escrito se diera a conocer en estos primeros años del siglo XXI, se tomaría como una desaprobación de la globalización mundial de la economía, en la que, lo que menos importa, es precisamente, el bienestar de los trabajadores y de sus familias de muchos países, sobre todo, los denominados en vías de desarrollo, que no es más que una forma elegante de nombrar el subdesarrollo.

Así es como Juan XXIII ve el mundo de hace poco más de cuarenta años y que, en esencia, no sólo no ha mejorado, sino que la pobreza cobra, día a día, más y más víctimas inocentes, destacando niños, mujeres y ancianos.

Pero esto es lo que siente el Papa en 1961, son ideas claras, precisas y directas, pero no es todo, el Pontífice agrega en su *Mater et Magistra*: "La justicia debe ser respetada, no solamente en la distribución de la riqueza, sino además, en cuanto a la estructura de las empresas donde se cumple la actividad productora, porque la naturaleza de los hombres exige que, en el desenvolvimiento de la actividad productora, tengan posibilidad de empeñar la propia responsabilidad y perfeccionar su ser.

"Por lo tanto, si las estructuras, el funcionamiento, los ambientes de un sistema económico son tales que comprometan la dignidad humana de cuantos en él despliegan sus actividades, los entorpecen sistemáticamente el sentido de responsabilidad o bien, constituyen un impedimento para que pueda expresarse de cualquier modo su iniciativa personal, semejante sistema económico es injusto, aun en el caso de que, por hipótesis, la riqueza producida en él alcance altos niveles y sea distribuida, según criterios de justicia y equidad".

El papel del humano únicamente como ente productivo para generar riqueza no a su familia o él, sino a un país que, probablemente, no es el suyo, es decir, trabajar para pagar deudas externas y eternas ¡y si lo ve Juan XXIII hace más de cuarenta años!, quiere decir, que, además de sus dotes de hombre justo y de paz, también es visionario.

"El problema, acaso mayor de la época moderna, es el de las relaciones entre las comunidades políticas económicamente desarrolladas y las comunidades políticas en vías de desarrollo económico, las primeras, consecuentemente, con alto nivel de vida; las segundas, en condiciones de escasez y miseria. La solidaridad que une a todos los seres humanos y los hace como miembros de una sola familia, impone a las comunidades políticas que disponen de medios de subsistencia con exuberancia, el deber de no permanecer indiferentes frente a las comunidades políticas, cuyos miembros luchan contra las dificultades de la indigencia, de la miseria y del hambre y no gozan de los derechos elementales de la persona humana.

"Tanto más habida cuenta de que, dada la interdependencia cada vez mayor entre los pueblos, no es posible que reine entre ellos una paz duradera y fecunda si el desnivel de sus condiciones económicas es excesivo. Conscientes de nuestra paternidad universal, nos sentimos con el deber de inculcar en forma solemne, cuanto en otra ocasión hemos afirmado: *Todos nosotros somos solidariamente responsables de las poblaciones subalimentadas... por lo que es menester educar la conciencia en el sentido de responsabilidad que pesa sobre cada uno, particularmente, sobre los más favorecidos.*

"Nuestra época está azotada y penetrada de errores radicales, está desgarrada y alterada con profundos desórdenes, pero es también una época que abre inmensas posibilidades de bien al espíritu combativo de la iglesia católica".

Aunque el último párrafo de la *Mater et Magistra* es un tanto optimista, queda claro que si los países desarrollados no hacen algo más que prestar dinero a los subdesarrollados, únicamente para tenerlos cautivos económicamente y desastrosamente a nivel sociedad. Lamentablemente, con el paso de los años, nadie hace caso de esta aportación de Juan XXIII y la brecha es cada día más y más grande, mucho dinero en unas cuantas manos y poco dinero o ninguno para miles de millones de personas.

Este es un pensamiento e ideas muy claras del Papa, sabe que hay que hacer mucho más por los pobres, pero esto no se logra sin el concurso de los ricos y éstos, no están dispuestos a ceder nada mientras tengan el poder y el control sobre las demás naciones.

Otra muerte junto a Juan XXIII

Por si no son suficientes todas las responsabilidades y problemas de Juan XXIII, éstos se complican cuando, estando él en la residencia de descanso de los Papas, Castel Gandolfo, el viernes 30 de junio de 1961, recibe la funesta noticia de que, su secretario de gobierno y gran colaborador, Domenico Tardini, ha fallecido.

Regresa de inmediato al Vaticano para darle el último adiós a su colaborador y amigo y sólo alcanza a escucharse de los labios del papa un: *¡Hágase la voluntad de Dios!*

Recuerda como, en ese mismo año de 1961, su secretario le hace una sugerencia atrevida pero que puede ser histórica, si Dios y el Papa lo permiten, publicar *El Diario del Alma* de Juan XXIII. Al principio, el Pontífice se opone rotundamente, porque siente que no se va a reservar nada para él cuando deje este mundo, pero también sopesa que puede ser un documento importante para los sacerdotes y Papas del futuro, un diario de consulta en donde, la que habla, es el alma de Angelo Giuseppe Roncalli y no su cuerpo. Entonces, dice sí a la publicación y únicamente impone una condición: que sea impreso y hecho público después de su muerte.

A los pocos días nombra a Amleto Cicognani como sustituto de Tardini, porque ya tiene preparada la convocatoria "oficial" para la celebración del tan anunciado Concilio Vaticano y esto lo hace en el mismo día de navidad, el lunes 25 de diciembre, para empezar en el inmediato año de 1962.

En el documento explica las razones para llevar a cabo este magnífico evento: "Ante este doble espectáculo, el de un mundo que acusa un grave estado de indigencia espiritual y la iglesia de Cristo, todavía tan vibrante y llena de vitalidad. Nosotros, desde que ocupamos el Supremo Pontificado, a pesar de nuestra indignidad y por un gesto de la divina Providencia, sentimos el enorme deber de reunir a nuestros hijos para dar a esta iglesia la posibilidad de contribuir más eficazmente a la solución de los problemas de la era moderna.

"Por este motivo, acogiendo como llegada de lo alto una voz íntima de nuestro espíritu, hemos creído que están ya maduros los tiempos para ofrecer a la iglesia católica y al mundo, el don de un nuevo concilio ecuménico, en correspondencia y continuación de la serie de los veinte grandes concilios que fueron a lo largo de los siglos, verdadero medio providencial para incremento de gracia y progreso cristiano.

"El eco gozoso que suscitó su anuncio, seguido de las oraciones de toda la iglesia y de un fervor en todos los trabajos preparatorios realmente alentador, así como el vivo interés o al menos la respetuosa atención, por parte de los no católicos e incluso de los no cristianos, han demostrado de la forma más elocuente, cómo a nadie ha escapado la importancia histórica del acontecimiento".

Así es como Juan XXIII sabe que la "maquinaria celestial" está funcionando y que el único que puede detenerla, es y será la "Santísima Trinidad", es decir, Dios.

Último año completo del Papa

En julio de 1962, aparece publicada la primera carta encíclica de Juan XXIII en donde el Concilio Vaticano tiene una gran importancia:

"Ad Petri cathedram

"Todos saben que nuestro divino Redentor fundó una sociedad que habrá de conservar su unidad hasta el fin de los siglos: *He aquí que yo estaré con ustedes hasta el fin del mundo.* Y que para ello, Jesucristo dirigió al Padre celestial fervorisísimas súplicas. Esta oración de Jesucristo, que sin duda le fue aceptada y escuchada por su reverencia, *...para que todos sean uno, como Tú, padre, estás en Mí y Yo en Ti, para que también ellos estén en nosotros...* engendra en nosotros una dulcísima esperanza y nos da la seguridad de que, finalmente, todas la ovejas que no pertenecen a este redil, sientan el deseo de volver a él y así, conforme a las palabras del divino Redentor: *habrá un solo rebaño y un solo pastor.*

"Profundamente animados por esta suavísima esperanza, hemos anunciado públicamente nuestro propósito de convocar un Concilio Ecuménico, al que habrán de acudir de todo el mundo, sagrados pastores, para tratar de los graves problemas de la religión y principalmente, para promover el incremento en la iglesia católica, de una saludable renovación de las costumbres del pueblo cristiano y para poner al día las leyes que rigen la disciplina eclesiástica, según las necesidades de nuestros tiempos.

"Ciertamente, esto constituirá un maravilloso espectáculo de unidad, verdad y caridad tal, que al contemplarlo, aún los que viven separados de esta Sede Apostólica sentirán -según confiamos- una suave invitación a buscar y lograr la unidad por la que Jesucristo dirigió al Padre celestial sus ardientes plegarias.

"Por otra parte, sabemos, para gran consuelo nuestro, que en estos últimos tiempos se ha venido creando en el seno de no pocas comunidades, separadas de la cátedra de San Pedro, cierto movimiento de simpatía hacia la fe y las instituciones católicas y que, por el estudio de la verdad que disipa los prejuicios, ha brotado una estima considerable hacia esta Sede Apostólica. Además, sabemos que casi todos los que llevan el nombre de cristianos, a pesar de estar separados de nosotros y desunidos entre sí, con el fin de trabar entre sí la unión, han efectuado reuniones y han organizado asambleas; todo lo cual está demostrando el vehemente deseo que les impele a realizar por lo menos alguna unidad".

Hora decisiva

El jueves 11 de octubre de 1962, el día llega al Vaticano amenazando con fuerte lluvia, viento y frío, pero eso no desanima a Juan XXIII, quien desde muy temprano, como es su costumbre, está levantado y optimista, se asoma a la ventana y mira los nubarrones, sabe que el clima no lo puede controlar él y Dios no acostumbra intervenir en las leyes de la naturaleza que él mismo ha creado, por lo que se olvida de ello conforme pasan los minutos.

Su mente está totalmente dedicada y concentrada en la inauguración del Concilio Vaticano Segundo que se llevará a cabo precisamente en este día. Hace sus oraciones a Dios, aunque no se puede decir que con más devoción, ya que así es como lo hace todos los días. Desayuna y finalmente, se prepara para vestirse y estar listo para tan magnífica ceremonia.

Poco a poco, el cielo ha ido disipando las nubes y para el mediodía, ya el sol está imponente e iluminando todo a su paso. Los cardenales lo esperan para acompañarlo hasta la entrada de la basílica de San Pedro. A ellos se unen cerca de dos mil quinientos obispos, representado a los religiosos católicos del todo el mundo.

Al llegar a su trono giratorio, desde donde domina toda una panorámica de la basílica, todos los invitados están perfectamente sentados en sus lugares, en respetuoso silencio y en permanente oración, para que todo lo que se ha hecho ya y lo que formalmente se inicia este día, sea para el bien de la religión católica y de paso, de todas las derivadas de Cristo.

La ceremonia se torna larga y tediosa en algunos momentos, pero esto cambia cuando Juan XXIII lleva a cabo su intervención para hablar directamente a los presentes en tan magno evento y al mundo entero, a través de los cada vez más influyentes medios de comunicación e información masiva: "En el cotidiano ejercicio de nuestro ministerio pastoral, a veces llegan a nuestros oídos, hiriéndolos, ciertas insinuaciones de almas que, aunque con ardiente celo, carecen del sentido de la discreción y de la medida. Tales son quienes, en los tiempos modernos, no ven otra acción que deslealtad y ruina.

"Dicen y repiten que nuestra hora, en comparación con las pasadas, ha empeorado y así se comportan como quienes nada tienen que aprender de la historia, la cual continúa siendo maestra de la vida y como si en los tiempos de los precedentes concilios ecuménicos todo procediera próspera y rectamente en torno a la doctrina y a la moral cristianas, así como en torno a la justa libertad de la Iglesia Católica.

"Nuestro deber no es sólo custodiar ese precioso tesoro (la doctrina pura e íntegra del catolicismo) como si únicamente nos ocupáramos de la antigüedad, sino dedicarnos también, con voluntad diligente, sin temores, a la labor que exige nuestro tiempo, prosiguiendo el camino que nuestra iglesia recorre desde hace veinte siglos.

"Si la principal tarea del concilio fuera discutir uno u otro artículo de la doctrina fundamental de nuestra iglesia, repitiendo con mayor difusión la enseñanza de los sacerdotes y teólogos antiguos y modernos, que suponemos conocen y tienen presente en su espíritu; para ello no es necesario un concilio. Sin embargo, de la adhesión renovada, serena y tranquila, a todas las enseñanzas de nuestra iglesia, en su integridad, transmitidas con la precisión de términos y conceptos, que es la gloria particularmente de los Concilios de Trento y Vaticano Primero.

"El espíritu cristiano, católico y apostólico de todos, espera que se de un paso adelante hacia la penetración doctrinal y una formación de las conciencias que esté en más perfecta correspondencia con la fidelidad a la auténtica doctrina, estudiando esta y colocándola en conformidad con los métodos de investigación y con la expresión literaria que exigen los métodos actuales.

"Una acción es el depósito mismo de la fe, es decir, las verdades que contiene nuestra venerada doctrina y otra, la manera como se expresa y de ello ha de tenerse gran cuenta, con paciencia, si es necesario, ateniéndose a las normas y exigencias de un magisterio de carácter prevalecientemente pastoral".

Al final de la jornada y ya entrada la noche, totalmente agotado, pero satisfecho, Juan XXIII, antes de ir a descansar, pide que se abran las ventanas del balcón principal del Vaticano, conecten un micrófono y con la sonrisa de siempre, se dirige a la multitud que, pese a la hora de la noche, sigue expectante por cualquier comunicado del Papa, directa e indirectamente y en esta ocasión, su paciencia es recompensada por la alocución, breve, pero sustanciosa, del Pontífice: "Hoy ha sido un día muy grande. Ahora es tarde, por lo que les pido que regresen a sus casas, a muchos de ustedes los esperan allí sus hijos. Por favor, ¡denles un beso de mi parte y díganles que es el beso del Papa!"

El sábado 13 de octubre de 1962, se reúne con observadores de iglesias separadas de la católica y Juan XXIII se sienta a conversar con ellos a la misma distancia y al mismo nivel, no acepta un sitio ligeramente elevado de entre los demás, ya que él los considera a sus visitantes como iguales y hasta como hermanos, entonces, ¿por qué querer ser más cuando todos los hombres son iguales?

Y en esta plática, más de amigos y hermanos que de dirigentes religiosos, Juan XXIII les comenta de una anécdota que lleva guardada en lo más hondo de su alma: "Un día, ya lejano, envié a un venerable anciano, prelado de una iglesia oriental que no está en comunión con Roma, una medalla del pontificado de Pío XI. Al poco tiempo, aquel anciano, en trance de cerrar sus ojos a la luz del mundo, quiso que, a su muerte, la medalla fuera colocada sobre su corazón; lo vi personalmente y este recuerdo aún me emociona.

"A propósito aludo a este episodio porque en su encantadora sencillez puede compararse a una flor del campo que la sucesión de estaciones permite recoger y ofrecer. ¡Qué el Señor quiera acompañar siempre de esta manera, con su gracia, nuestros pasos!

"Su estimada presencia, la emoción que conmueve mi corazón de sacerdote, la emoción de mis colaboradores, también la de ustedes, estoy seguro, me invitan a confiarles el deseo de mi corazón, que arde por trabajar y sufrir para que se aproxime la hora en que se realice para todos la plegaria de Jesús en la última cena, pero la virtud cristiana de la paciencia no debe dañar la de la prudencia, ¡que también es fundamental!"

Como en todo gran organismo de alcance mundial, en el concilio hay grupos que están dispuestos a aportar lo mejor de sus pensamientos y acciones, en este caso, hay dos corrientes sumamente claras, los conservadores, opuestos a cualquier tipo de cambio sustancial o superficial, ya que la costumbre "ha demostrado que la iglesia católica no requiere de nada que altere su estructura y funcionalidad" y por otra lado, los avanzados y progresistas que quieren y desean que su iglesia esté a la altura de los usos y costumbres modernos.

Esta última corriente es la que tiene más adeptos, dentro y fuera del Vaticano, aunque el secreto y la suma vigilancia sobre los trabajos conciliares es tal, que los periodistas empiezan a dejar ver sus tendencias hacia tal o cual corriente e incluso inventan las notas, para hacerlas más sensacionalistas y hasta amarillas, pero la verdad es que la información que llega hasta las redacciones de los diferentes medios de comunicación, es mala y banal, por lo que el trabajo reporteril tiene que llevarse a toda la capacidad de cada medio.

Lucha interna

Lo que trasciende de entre los trabajos secretos, es la actuación sobresaliente de un anciano patriarca de Antioquía, Máximos IV Saigh, quien, contrario a lo que pueda suponerse, es uno de los cardenales más declaradamente abiertos a los cambios que él considera imprescindibles. Y como muestra, Máximos IV, al dirigirse a los demás integrantes de la comisión de trabajo, no lo hace en latín, como es lo acordado, sino en Francés y al ser amonestado por los demás, él les dice que el latín no posee absolutamente nada de sagrado, ya que ni Jesús ni los apóstoles lo hablaron, ni se utilizó en las liturgias y misas durante las dos primeros siglos después de Jesucristo.

El cardenal Ottaviani se opone a Máximos IV en cuanto al uso del latín y lo hace de tal forma que, durante mucho tiempo exalta su uso en la liturgia y en muchas actividades del Vaticano, el presidente de esta mesa le hace la observación de que su tiempo ha terminado, no hace caso y minutos después, le es desconectado el micrófono y aunque tampoco vuelve ha hacer caso a ello, ya nadie lo escucha ni le ponen la más mínima atención. Así de difíciles y duras son las discusiones entre estos los "hijos predilectos de Dios". Desde luego que esa interrupción la toma Ottaviani como una ofensa y durante varios días no se presenta en su comisión de trabajo.

De entre los participantes, destaca la labor en pro de los cambios, pero en forma tranquila, inteligente y moderada de un cardenal muy especial, Giovanni Batista Montini, (futuro Papa Paulo VI y continuador y finalizador de la obra conciliar de Juan XXIII) quien, en torno suyo, se da una unanimidad de las dos corrientes, aunque algunos de adhieren a sus iniciativas más por temor que por convencimiento.

Asuntos considerados como muy importantes y que no se deben cambiar, es lo referente a la liturgia, casi inamovible y que el Papa está al pendiente para evitar obstáculos a las reformas, por esto, él decide hacer una pequeña modificación pero que significa que no hay nada intocable, más que el mismo Dios, así, en el momento de mencionar a los personajes importantes dentro de la liturgia durante las misas, ahora se tiene que mencionar el nombre del padre terrenal de Jesús, a José, inmediatamente después de hacerlo con el de María.

Aunque es una decisión que lleva muchos días para adoptarse, se logra el consenso para mostrar que las puertas están abiertas a todas las propuestas, aunque no todas se amolden a las necesidades que requiere la iglesia católica.

Juan XXIII está siempre al pendiente del buen funcionamiento de las comisiones de la aula en la que se llevan a cabo las votaciones de los puntos ya discutidos, él no participa ni interviene en ellas, sino que está al tanto de lo que se dice y argumenta y sólo en caso de una discrepancia que pueda llevar mucho más tiempo de lo previsto para su discusión, entonces, el voto de calidad del Papa se hace valer y así se aprueba lo que desea la mayoría, aunque no sea abrumadora o unánime.

Esto le da mucha libertad de expresión a los exponentes, quienes hablan y presentan sus tesis sin cortapisas ni censuras y sobre todo, abiertamente, sin que se teman represalias de ningún tipo.

Ataca la enfermedad

Lamentablemente, en secreto, mientras los demás trabajan en sus mesas y comisiones, Juan XXIII está con algunos de sus colaboradores más íntimos y varios médicos que han llegado a una conclusión y desean expresarla directamente al Papa. Es el domingo 28 de octubre de 1962 y el diagnóstico que tienen que dar es que: el Sumo Pontífice de la fe católica, padece un tumor maligno que resulta totalmente inoperable para los doctores.

Esto no espanta a Juan XXIII pero si le causa pesar, no tanto por su vida, que está totalmente en manos de Dios, sino porque el Concilio Vaticano no llegué a su fin y no se tomen las medidas necesarias para que la religión católica se modernice y sea más accesible para la gente común de todo el mundo, finalmente, esa es la labor más importante de ellos, llevar el evangelio a todos los rincones del planeta y en todos los idiomas y lenguas posibles y esto sólo se puede lograr hablando el lenguaje de la gente humilde, la de los pueblos. Esa es su máxima preocupación, lo demás, lo personal, ya no tiene importancia.

Durante varios días, Juan XXIII se dedica a hacer un ajuste de cuentas, un "corte de caja" de su vida, ya que quiere entregarle "buenas cuentas" a Dios. No acude a la basílica para no interferir en las deliberaciones conciliares y lo hace hasta el viernes 7 de diciembre de 1962, aunque más para saludar a los presentes que para emitir su voto de calidad en algún asunto espinoso al que no se ha llegado a una decisión definitiva.

Para todos es evidente el deterioro de la salud del Papa, se preocupan por él y quieren ayudarlo a resolverlo, pero el Pontífice sabe que el único que puede hacerlo ya ha tomado su propia decisión y él la acata como en cada acción de su vida, respetando a las altas autoridades y Dios, es la más alta de todas.

Durante las siguientes semanas, Juan XXIII trata de llevar una vida normal, se levanta temprano, reza, desayuna ligero y acude a las audiencias, pero al paso de los días, estas actividades se reducen más y más, la enfermedad está progresando en su organismo y las crisis provocan largos periodos de reposo.

Últimos días

Como Juan XXIII sabe que sus horas están contadas, escribe mucho y de entre esto, destaca el último de sus documentos más sobrios y solemnes, titulado *Pacem in terris*, una enclíclica publicada el jueves 11 de abril de 1963. Desde la presentación, el Papa hace otro cambio significativo, ahora no la dirige en primer término a los pastores y fieles de la iglesia católica, sino que ahora lo hace directamente a *todos los hombres de buena voluntad*, tal y como Jesús la hizo casi dos mil años atrás, al ofrecer *Paz en la tierra a los hombres de buena voluntad.*

Esta enclíclica de Juan XXIII trata sobre la paz fundada en la verdad, justicia, amor y libertad. Los puntos abordados son: El orden entre los hombres, determinado por los derechos y deberes de éstos. Los poderes públicos dentro de cada nación y relaciones entre naciones y la comunidad mundial.

En el texto destaca que: "Para inspirar la vida civil con normas rectas y principios cristianos, no basta que estos hijos nuestros gocen de la luz celestial de la fe y que se muevan a impulsos del deseo de promover el bien; se requiere, además, que entren en las instituciones de la vida civil y que puedan desenvolver dentro de ellas una eficaz acción; pero como la actual civilización se distingue, sobre todo por la ciencia y los inventos técnicos, ciertamente, nadie puede entrar y actuar eficazmente en las instituciones públicas si no posee el saber científico, la idoneidad para la técnica y la pericia profesional. Que en los cristianos, con mucha frecuencia, la fe esté en desacuerdo con la conducta.

"También creemos que nace de esos cristianos que no se ha ejercitado suficientemente en la práctica de las costumbres cristianas y en institución de la doctrina cristiana. Porque en muchos casos y en muchos lugares, sucede que los cristianos no cultivan por igual el conocimiento de la religión y del saber profano y mientras en el conocimiento científico llegan a la cumbre, en la formación religiosa no pasan ordinariamente de lo elemental.

"De ahí, la necesidad apremiante de que la formación de los adolescentes sea plena, sea continua y se imparta de modo que la cultura religiosa y la formación espiritual vayan a la par con el conocimiento científico y con los incensantes progresos técnicos".

Con todo, el sábado 25 de mayo de 1963, Juan XXIII sufre un severo ataque a su salud, los doctores están pesimistas, los cardenales tratan de ocultar a la gente la grave situación, pero todos saben que algo extraño, raro y mortal ronda a todo el edificio del Vaticano.

Esto se aclara cuando el viernes 31 de mayo, llegan los hermanos del papa, mandados llamar porque su hermano Angelo Giuseppe Roncalli está agonizando. La escena es sumamente dramática, el Papa está acostado en su cama, semiconsciente, con una mascarilla de oxígeno tapándole la nariz y boca, pero que reacciona al ser enterado de la presencia de sus queridos, amadísimos hermanos.

Juan XXIII pregunta por ellos, quiere saber si están cerca de su cama, por lo que su hermano Zaverio, el más querido por Angelo, se acerca, cabizbajo y llorando abiertamente y para evitar más penas a su consanguíneo, le dice en tono de broma, una de las que siempre acostumbró con ellos. "¿Eres tú, *Severo*? Ven, no me mires con esa cara que no soy un fantasma. El señor me concede verlos, ha querido que vuelvan a mí, para poder gozar de esta larga agonía. Ayer me habría muerto, hoy estoy vivo, pero, como he dicho al confesor, tengo maletas hechas y puedo salir en cualquier momento con ánimo tranquilo. Dentro de poco estaré en el Cielo, veré a nuestros padres; ¡qué alegría encontrarme con ellos!"

Juan XXIII voltea para tratar de distinguir a otros familiares y así lo hace con uno de sus sobrinos a quien dice: "Vaya, ha venido el literato de la familia, sepan que él lo es, pero no el primero, ¡el primero soy yo!"

Así es el Papa, aún sufriendo muchos dolores físicos, su alma y espíritu están más que sanos, más que tranquilo, no quiere causar la más mínima pena a nadie y aunque su voz ya suena muy débil, él no deja de hablar con los demás.

Mientras tanto, millones de personas de todo el mundo, cristianos o no, católicos o no, rezan para pedir el milagro de la vida para el hombre bueno que supo ganar muchas batallas, pero principalmente, amigos, muchos de los cuales están afuera, en la plaza de San Pedro, junto a miles de personas que rezan hincadas pidiendo a Dios el mismo milagro que los demás; no importa el frío, el mal tiempo, ni el hambre, lo más importante en ese momento es la salud y vida de Juan XXIII.

Al día siguiente, el Pontífice despierta, permitiendo un suspiro de alivio a sus ayudantes y amigos que lo acompañan en estas largas, larguísimas horas de agonía del buen hombre, parece que esta terrible enfermedad está dando lugar a una última purificación, como dando a entender que Dios no lo juzgará, sino que ahora lo tendrá en el cielo junto a él como lo que siempre ha sido, su aliado más fiel y dulce.

La conciencia y memoria de Juan XXIII son de privilegio y lo primero que comenta es que, siendo el día de Pentecostés no se debe llorar, sino estar alegre porque es un día de júbilo para los católicos y después de levantarles el ánimo a los demás, se queda dormido otra vez, su cansado cuerpo ya no quiere continuar, los doctores ya no pueden hacer nada y únicamente esperan el desenlace final.

El Pontífice apenas logra despertar después de muchas largas horas de sueño, la fiebre ha cedido, pero no porque recupere la salud, sino porque ya no hay fuerza y sus signos vitales se debilitan al paso de los minutos, ya no puede hablar y su hermano Zaverio no se despega de él, se acomoda junto a su cama y de repente, nota que Angelo quiere hablar y no puede, mueve las manos con mucho trabajo y los ojos bailan alocadamente en sus pupilas, todos desean saber qué quiere, qué desea, hasta que descubren que el nieto de su hermano querido, del mismo nombre que su abuelo, se colocó delante del crucifijo y le ocultó el rostro de Cristo, no puede morir sin ver esa imagen que tanto adora, de esa pasión que lo contagió de entusiasmo y brillantez y en cuanto se aparta el joven de ese sitio, Juan XXIII recobra la calma y deja su vista fija en el crucifijo.

En todo el mundo se escuchan rezos y se ofician misas por la paz, tranquilidad y salud del Sumo Pontífice, todos están al pendiente de las noticias y al mismo tiempo en que termina la misa el cardenal Traglia en la basílica, Juan XXIII, Angelo Giuseppe Roncalli, también fallece, es el lunes 3 de junio de 1963.

Alguien lo checa y efectivamente, el Santo Padre ha muerto, ahora todos pueden llorar sin disimulo, pero no hay mucho tiempo para ello, de inmediato llega el escultor Manzù para obtener una mascarilla del rostro del Papa. Por su parte, los cardenales comprueban su muerte y pronto proceden a destruir su anillo papal, tal y como es la costumbre.

Una vida dedicada a Dios casi desde el nacimiento, a difundir sus palabras y enseñanzas y a predicar con el ejemplo, la humildad, sapiencia y dedicación a una causa en la que él siempre se consideró como ganador, la de ser un verdadero siervo de Dios, pero no uno pasivo y acatador de órdenes, sino uno que, con sus actos, demostrará no sólo a Dios su gran amor, sino a los mismos humanos, a quienes adoró tanto como al Creador, ya que él considera a hombres y mujeres como la máxima creación de perfección y sabiduría de Dios, quien nunca se equivoca.

2

Secretos de la virgen de Fátima

El domingo 13 de mayo de 1917, alrededor del medio día, nadie sabe que en esta fecha habrá una de las primeras apariciones de una "extraña señora luminosa" que flotará por sobre un árbol de encino.

Minutos antes de este hecho, tres pequeños pastores portugueses de la población de Fátima, en la provincia de Ribatejo, Distrito de Santarem, Portugal: Lucía dos Santos y sus primos Jacinta y Francisco Martos de 10, 9 y 7 años de edad, cuidan su pequeño rebaño de ovejas y a lo lejos, ven como caen varios destellos luminosos sobre Cova de Iría, de aproximadamente 500 metros de ancho y aunque les extraña, no le dan importancia, porque su mayor obligación es estar al pendiente de su animales.

Sin embargo, minutos después, "esta señora luminosa" hace su aparición por encima de un gran árbol y los tres niños quedan asombrados, tal vez un poco temerosos, aunque la aparición es asimilada a cada momento y del miedo pasan al diálogo con la señora. Los infantes regresan a sus casas y cuentan este acontecimiento, pero por supuesto que no les creen o al menos eso les dicen.

En este primer encuentro, les es dicho que durante los próximos meses deberán acudir a este mismo sitio exactamente , por lo que al siguiente mes, el miércoles 13 de junio, al medio día, Lucía, Jacinta y Francisco acuden a su cita, pero ahora acompañados de algunos "testigos", mismos que no pueden ver ni escuchar absolutamente nada, en tanto que los pequeños entablan una plática con su visible (sólo para ellos) visitante, lo que si ven los demás es que las hojas del encino se mueven mucho sin que exista una razón aparente.

Aunque los "testigos" mayores no logran comprender esta aparición mariana, es suficiente que los niños digan cómo es la señora para que, inmediatamente, los pobladores de Fátima, católicos reprimidos, digan que la virgen María se ha aparecido a los niños y a los siguientes días 13 de cada mes, los testigos ya no son por centenares sino por miles y los efectos luminosos extraños aumentan al mismo ritmo que las personas, hasta que el domingo 13 de octubre de 1917, ¡setenta mil testigos! están asombrados porque el Sol lleva a cabo, ante sus ojos, una impresionante danza en la que nunca guarda un lugar fijo en el cielo, está en constante movimiento y este es un fenómeno aún inexplicable al inicio del siglo XX.

En el transcurso de estos encuentros, durante los cuales sólo los niños pueden ver y dialogar con la señora luminosa, esta aparición les dicta lo que posteriormente se conocerán como "Los Secretos de la Virgen de Fátima", aunque es pertinente aclarar que, según los pequeños, la señora luminosa nunca se acredita como la Virgen María, esta denominación se la da la gente del lugar.

Pero, ¿qué tiene que ver este hecho con la vida de Angelo Roncalli primero (de 36 años en esta época) y Juan XXIII después?, (de 79 años en 1960), la respuesta es simple: mucho, ya que Angelo siempre fue devoto de la Virgen de Fátima, incluso llegó a estar el lugar de las apariciones en 1956, cuando decide hacer un viaje a Portugal, al lugar donde se apareció la virgen de Fátima y a partir de este momento, su inclinación y admiración hacia ella es abierta y notoria.

De los encuentros de estos pastorcillos con la Virgen, se sabe que ella les pide que aprendan a leer y escribir, que dos de ellos morirán sin haber alcanzado la adolescencia (hecho que sí ocurre con el fallecimiento prematuro de los hermanos Jacinta y Francisco Martos), que ocurrirá otra guerra mundial de fatales consecuencias, (basta recordar que, en 1917, se está llevando a cabo la lucha armada de la Primera guerra mundial, es decir, todavía no termina una, cuando ya ha sido anunciada la siguiente).

Pero a partir de la finalización de las apariciones, se empieza a crear una especie de velo o censura para evitar conocer el contenido de los tres secretos dictados por la Virgen de Fátima a los niños, pero sobre todo, destaca el contenido del tercero, el más impactante, ya que se cree que describe el acontecer de una posible Tercera guerra mundial, la destrucción o casi desaparición no sólo del Vaticano sino de la religión católica en el mundo, por lo que se ha evitado, hasta hace poco, su revelación pública.

Y la misma Lucía Dos Santos, convertida en monja de la congregación de las Carmelitas Descalzas, dice en el transcurso de su vida, que el tercer secreto de la "señora luminosa" solamente podrá ser revelado por el Papa y sobre todo, asimilado, a partir del inicio de la década de los años sesenta del mismo siglo XX y es aquí donde encajan estas apariciones de 1917 con Angelo Giuseppe, ya que en 1960, el Pontífice en turno es ni más ni menos que Juan XXIII, el mismo Roncalli de esta obra.

Las últimas palabras de la Virgen a Lucía son: "No digas esto a nadie" y que solamente debe hablar con el Papa para hacerle llegar las peticiones y predicciones de la aparición mariana.

Sin embargo, cuando llega el año de 1960, Juan XXIII decide que no es oportuno publicar una sola palabra del contenido del tercer secreto de la Virgen de Fátima: "Al no poder garantizar su contenido".

Esto puede tener varios significados que difieren del divulgado por Juan Pablo Segundo:

1. El contenido no es el original.
2. Es demasiado cruento y la gente no sabrá asimilarlo.

3. Afecta principalmente al catolicismo al anunciar una lucha interna de fatales proporciones para esta religión.
4. Anuncia una terrible Tercera guerra mundial. Incluso, en este punto, se especula mucho que, cuando se da la crisis de los misiles soviéticos emplazados en territorio cubano, a principio de 1963, que provoca enfrentamientos verbales entre los entonces presidentes de Estados Unidos y la Unión de Repúblicas Socialistas Soviéticas; John F. Kennedy y Nikita Krushev, respectivamente y que están a punto de inaugurar una guerra mundial nuclear que puede terminar con la vida de millones de personas y producir una contaminación por radiación del resto de los sobrevivientes, si los soviéticos no retiran sus cohetes nucleares del territorio cubano.

Al respecto, se dice que el Papa Juan XXIII, para evitar esa posible y grave Tercera guerra, les envía, secretamente, el contenido del tercer secreto de la Virgen de Fátima para que desistan de sus intenciones armamentistas y bélicas. Esto nunca ha sido confirmado por el Vaticano, pero de ser cierto, entonces el contenido de dicho secreto no es el que han querido hacer creer a partir del sábado 13 de mayo de 2000, cuando el Papa Juan Pablo Segundo da a "conocer al mundo el supuesto contenido del Tercer secreto de Fátima".

Según el Vaticano, este secreto no revela nada más que el atentado que sufre Juan Pablo Segundo el miércoles 13 de mayo de 1981, exactamente 64 años después de la primera aparición de la Virgen en Fátima, Portugal. Ya que la entonces pequeña Jacinta tiene una visión que la atormenta y que además, no comprende: "Veo a un obispo vestido de blanco que cae muerto, no sé cómo es, pero veo al Santo Padre en una casa muy grande, arrodillándose ante una mesa, con su cabeza enterrada entre sus manos y está llorando. Afuera de la casa hay muchas personas, algunas están tirando piedras, otras lo maldicen y usan malas palabras. ¡Pobre Santo Padre!, tenemos que rezar mucho por él".

El mismo Vaticano hace referencia a este ya multimencionado Tercer secreto de la Virgen de Fátima y que comenta al respecto: "Por lo que se refiere la descripción de las dos primeras partes del «secreto», por lo demás ya publicado(s) y por tanto conocido(s), se ha elegido el texto escrito por Sor Lucía en la tercera memoria del (Domingo) 31 de agosto de 1941; (que) después añade alguna anotación en la cuarta memoria del (lunes) 8 de diciembre de 1941.

"La tercera parte del «secreto» fue escrita «por orden de Su Excelencia el Obispo de Leiria y de la Santísima Madre....» el (lunes) 3 de enero de 1944.

"Existe un único manuscrito... El sobre lacrado estuvo guardado primero por el Obispo de Leiria. Para tutelar mejor el «secreto», el (domingo) 4 de abril de 1957 el sobre fue entregado al Archivo Secreto del Santo Oficio. Sor Lucía fue informada de ello por el Obispo de Leiria.

"Según los apuntes del Archivo, el (lunes) 17 de agosto de 1959, el Comisario del Santo Oficio, Padre Pierre Paul Philippe, O. P., de acuerdo con el (Excelentísimo) Cardenal Alfredo Ottaviani, llevó el sobre que contenía la tercera parte del «secreto de Fátima» a Juan XXIII. Su Santidad, «después de algunos titubeos», dijo: «Esperemos. Rezaré. Le haré saber lo que decida».

"En realidad, el Papa Juan XXIII decidió devolver el sobre lacrado al Santo Oficio y no revelar la tercera parte del «secreto».

"Pablo VI leyó el contenido con el Sustituto, S. E. Monseñor Angelo Dell'Acqua, el (sábado) 27 de marzo de 1965 y devolvió el sobre al Archivo del Santo Oficio, con la decisión de no publicar el texto.

"Juan Pablo II, por su parte, pidió el sobre con la tercera parte del «secreto» después del atentado del (miércoles) 13 de mayo de 1981. S. E. Cardenal Franjo Seper, Prefecto de la Congregación, entregó el (sábado) 18 de julio de 1981 a S. E. "Monseñor Martínez Somalo, Sustituto de la Secretaría de Estado, dos sobres: uno blanco, con el texto original de Sor Lucía en portugués y otro de color naranja con la traducción del «secreto» en italiano. El (martes) 11 de agosto siguiente, Monseñor Martínez devolvió los dos sobres al Archivo del Santo Oficio".

Entonces, no hay duda sobre que el Papa Juan XXIII leyó el contenido del Tercer Secreto de la virgen y para no causar temores entre la población, sobre todo católica, decide no hacerlo público, sobre todo si tomamos en cuenta que, después del atentado del turco Alí Agca disparando varias veces sobre el cuerpo de Juan Pablo Segundo, lo que inmediatamente sigue a este importante hecho, no son insultos ni pedradas hacia el Papa, sino todo lo contrario, consterna al mundo y todos los cristianos y hasta los que no lo son, rezan porque él se restablezca y comprenda y asimile, el por qué sufrió este acto cobarde.

Entonces, esto, forzosamente nos lleva a las siguientes interrogantes, ¿el tercer secreto de Fátima se refiere a un Papa del futuro?, ¿al sucesor de Juan Pablo Segundo?, ¿será realmente asesinado e insultado, provocando un sismo en el Vaticano?, ¿esta narración de Jacinta acaso coincide con las predicciones de muchos profetas y sobre todo, con las del mismo Juan XXIII, si es que son realmente de él? ¿Juan XXIII, al decir de que no está seguro del contenido de este secreto, quiere dar a entender que la gente no sabrá comprender el por qué del asesinato de un papa posterior a él? ¿La misma sor Lucía le dice a Juan Pablo Primero en su entrevista en Coimbra, Portugal del lunes 11 de julio de 1977 su muerte prematura?, y sobre todo ¿evitar el cisma del catolicismo que tantos profetas dan por hecho en un futuro próximo?

Todo esto no deja de ser especulativo, pero sí deja muchas más interrogantes y cualquier humilde y sencillo investigador se da cuenta de que no es coherente ni lógico que el Papa Juan Pablo Segundo haya esperado ¡19 años! para darlo a conocer, diciendo que únicamente se refiere al atentado que él sufrió y que, por lo tanto, ya no es necesario "seguir guardando este secreto develado por la Virgen de Fátima ¡83 años atrás!"

Esto va en contra de todo simple razonamiento, ¿para qué tanto misterio por parte de todos los Papas a partir de la confirmación religiosa católica de las apariciones de la Virgen de Fátima?, si, finalmente sólo afecta a un sólo personaje, aunque sea el más importante de los católicos y ese hecho no provocó la muerte de éste, entonces, por principio de cuentas, ¿para que esperar casi veinte años para darlo a conocer y cuando el tiempo biológico de Juan Pablo Segundo está a punto de extinguirse y muchos esperan su muerte dentro de poco tiempo?

En fin, como esto rebasa también la vida y hasta la muerte de Juan XXIII, la consecuencia de este tercer secreto va más allá de los objetivos de esta obra y únicamente cabe mencionar, en este caso, parodiando al mismo Juan XXIII, el tiempo no nos confunde, sino que sólo el transcurrir de los días nos dirá quién tiene la razón.

FIDES

3

Juan XXIII el profeta

En 1976, el periodista italiano Pier Carpi, causa revuelo y escándalo entre la sociedad y principalmente dentro del círculo religioso católico, al dar a conocer un libro en el que revela supuestas profecías hechas por Juan XXIII y que abarcan un periodo de un siglo, de 1935 a 2033 y en el que destacan los principales acontecimientos que, de una u otra forma, afectaran, afectan y afectarán al mundo, empezando por el ascenso al poder de Adolf Hitler y la posterior Segunda Guerra Mundial, el suicidio del líder nazi y hasta la propia muerte del Papa, en el transcurso del Concilio Vaticano Segundo, como aconteció finalmente.

Pero, ¿cómo es posible que alguien tan ligado a los lineamientos del Vaticano como Juan XXIII haya podido hacer predicciones, muchas de ellas contrarias a la misma religión católica?, ¿será por esto que cuando llega al papado lo primero que hace, dado el poco tiempo que tiene como Sumo Pontífice, es convocar a la realización del Concilio Vaticano y lograr las reformas que tanto le hacen falta a su religión y así, no perder fieles como está sucediendo en la actualidad?

Estas son las principales preguntas de todos los que tienen acceso a este libro de Carpi *Las profecías del Papa Juan XXIII*. El autor de esta obra dice que estas predicciones papales las recibe de un anciano que introdujo a Angelo Giuseppe Roncalli en una orden de tipo masónica o rosacruz, aunque sin que esto esté confirmado, durante la iniciación de Angelo en 1935, cuando tiene 54 años y es nuncio apostólico fuera del Vaticano.

En este lugar secreto, Giuseppe entra en trance y empieza a hablar con *una voz que no es la suya*, según Pier, sus nuevos hermanos de la orden escriben todo lo que él dice.

Esta sesión lleva varias horas de duración, tiempo durante el cual no deja de hacer predicciones. El problema es que, si el libro se publica en italiano en 1976 y en español un año después, cualquiera puede hacer profecías a tiempo pasado, por lo que resulta más interesante descubrir cuáles son las predicciones después de este año de mediados de la década de los setenta.

Desde luego que la versión oficial del Vaticano es que no existen tales profecías de Juan XXIII y descalifican cualquier comentario en contra de esta disposición, sin embargo, siempre queda la duda, sobre todo, tomando en cuenta que a su corto paso como Papa (apenas 5 años) causó un revuelo tan grande con su iniciativa del Concilio Vaticano Segundo, que probablemente sin él, la iglesia católica estaría sumergida aún más en una tremenda crisis que difícilmente podrían superar si Juan XXIII no hubiera modernizado los ritos y costumbres de su iglesia, prevalecientes desde hace siglos y sin ningún cambio, literalmente.

Como has visto a lo largo de esta obra, la vida de Juan XXIII está llena de hechos asombrosos, de diplomacia de la más alta envestidura, de acciones rápidas y constantes, incluso, a cuarenta años de su fallecimiento, su cuerpo se mantiene incorrupto, a pesar de que nunca se llevó a cabo en él ninguna acción de embalsamamiento, entonces, cabe la interrogante de si realmente, Angelo Roncalli perteneció a una sociedad secreta, que tal parece que fue Rosacruz, de la cual, aún ahora, no se sabe absolutamente nada.

También es conveniente aclarar que el periodista y escritor italiano, Piero Pier Carpi, fallecido en el año 2000, era un destacado miembro de la logia masónica italiana, conocida fatalmente como la P-2, que han intervenido directamente en el Vaticano, principalmente dentro del ámbito financiero y sobre todo, cuando se descubre el quebranto del Banco Ambrosiano, ligado totalmente al clero católico y a la logia masónica. Incluso, en 1987, Carpi escribe en el semanario *L'Espresso* que más de cien cardenales y monseñores de la curia romana pertenecen a una logia masónica que está infiltrada en el Vaticano desde 1971.

Y esto es muy curioso, ya que el mismo Juan XXIII, en los primeros años de su papado, hace un pronunciamiento de mayor relevancia, en el cual declara que un católico puede ser masón sin temor a ser excomulgado de la iglesia a la que pertenece, con esto, rompe una imposición e impedimento de dos siglos durante los cuales, ningún católico podría y no debería de pertenecer a ninguna asociación masónica.

Otro hecho curioso, se cree que tanto Angelo como Giovanni Batista Montini, (sucesor de Juan XXIII) fueron iniciados en la masonería antes de ser Papas y lo aún más extraño, que el primero es el iniciador del Concilio Vaticano Segundo y el otro es quien concluye los trabajos con mucho éxito, es más, a tan sólo veinte días de que Angelo Roncalli ha sido designado como Juan XXIII, éste ordena a 23 nuevos cardenales entre los que destaca el nombre de Giovanni Batista Montini, quien incluso, tiene como apellido el nombre del padre de Angelo, aunque escrito de forma diferente en una letra: Battista. ¿Demasiada casualidad?

En fin, a continuación verás lo más importante de esas supuestas profecías de Juan XXIII, aunque propiamente debe decirse de Angelo Giuseppe Roncalli, ya que para cuando se cree que las dicta, él cuenta con 54 años y está a lejanos ¡23 años! de llegar a la dirigencia máxima de los católicos.

Así es que, estimados lector-lectora, empieza a analizar estas predicciones, si es que realmente lo son de Angelo y descubrirás que pueden referirse a nuestra época, a nuestro presente, a los primeros y siguientes años del siglo XXI.

Sobre el mismo Juan XXIII

Una de esta predicciones que llama mucho la atención, en caso de ser verdadera, es sobre el ascenso al papado del mismo Angelo, lee porqué: *Más tarde será Padre el inesperado, hijo de las aguas y los campos. Yo no lo veo, temo por él y su tiempo y por la Madre. Caminará entre personas divididas, decididas a despojar al Redentor de su túnica. Gritará en su corazón y hablará con dulzura, le creerán* (pero) *la lucha será dura. Y hallará en los escritos del Padre muerto el designio de convocar a los pastores y hablar al rebaño. Osará hacer lo nunca hecho, se equivocará, pero será para bien. Querrá conocer el mundo y que los humildes lo conozcan en persona, de ello surgirá el escándalo pero todos comprenderán. Sus cartas permanecerán.*

Morirá lejos de los pastores, antes de llamarlos a su lado. Ocultarán sus escritos, los robarán, de él apenas se dirá nada, pero el día en que por la niebla será herido el Padre que le sucederá, se escuchará su voz saliendo de la tumba. El Padre muerto romperá el séptimo sello, pido perdón por él.

Una primera interpretación conduce a pensar que se trata del mismo Angelo de quien habla, ya que dice de su advenimiento como Papa en medio de dudas y disidencias dentro del colegio cardenalicio y que, en principio, se ahondarán más por causa de las propias encíclicas de Juan XXIII pero que al final, lo que se considera como error, será aceptado como acierto, como pueden ser el recibir a personalidades de otras creencias cristianas y que, por siglos, han sido declarados enemigos del catolicismo, por separatistas y sobre todo, a hablar a la gente en su idioma, es decir, que las misas ya no se celebren en latín, sino en la lengua del país en que se esté.

En lo referente a las cartas, con toda seguridad son las encíclicas mencionadas que, a querer o no, permanecen vigentes no sólo en la historia del catolicismo sino de toda la humanidad.

En cuanto a su muerte, lo dice claro y preciso, a la mitad del concilio y a escasas horas de haber inaugurado la primera sesión. Existe un fuerte rumor de que, después de su muerte, sus cartas, encíclicas y escritos privados han sido robados y ocultados para evitar la difusión de toda su vida y obra, por supuesto que estos documentos deben estar en poder de los cardenales ultraconservadores que nunca vieron con buenos ojos la convocatoria y desarrollo del Concilio Vaticano Segundo.

A la luz de los últimos acontecimientos dentro del pontificado, se puede encajar con facilidad la última parte de la profecía en la que dice que se escuchará la voz desde la tumba y se habla de unos documentos sustraídos que se darán a conocer después de que su sucesor sea herido y éste no es precisamente el próximo inmediato, como lo fue Paulo VI sino alguno de los siguientes, por lo tanto, el único Papa que ha sido herido hasta ahora, después de Juan XXIII, es sin duda, Juan Pablo Segundo, el 13 de mayo de 1981.

Aquí es extraordinario el vaticinio, ya que hace relativamente poco tiempo, el Papa Juan Pablo Segundo ha dado a conocer el contenido de *una carta* en la que, supuestamente, contiene el Tercer Secreto de la Virgen de Fátima y en el que se refiere, precisamente a este hecho sangriento que estuvo a punto de costarle la vida a manos de un turco de nombre Alí Agca. Y la relación que existe entre todos estos hechos, es el que Juan XXIII decide no dar a conocer el último secreto de Fátima, porque no puede garantizar su contenido o más bien, sus consecuencias.

Desde luego, que al comentar sobre la voz del Papa muerto puede referirse a la muerte del mismo Juan XXIII o a la de uno de sus sucesores, Juan Pablo Primero, quien muere a tan sólo 33 días de su elección como Pontífice y en circunstancias nunca aclaradas del todo y de quien se dice que estaba a punto de provocar grandes cambios en el Vaticano, pero los ultraconservadores de siempre lo impidieron, envenenándolo mientras leía durante la noche.

Finalmente, lo del *séptimo sello* probablemente hace referencia a que, el Tercer Secreto de Fátima describe un gran sismo de la iglesia católica a nivel mundial y las consecuencias de una terrible y exterminadora Tercera guerra mundial.

Grave división en la iglesia católica

Dentro de estas profecías, destaca una que, al parecer, ya se ha cumplido después de 1976, es decir, en la que un papa será herido durante su pontificado (¿alguna duda sobre Juan Pablo II?). Lo más importante es saber qué profetizó Juan XXIII para este futuro inmediato que nos atosiga y atormenta, por ser, según los profetas, inevitablemente catastrófico. Y al igual que Nostradamus, este Pontífice centra la mayoría de sus predicciones en los acontecimientos por venir en la figura de los Papas y en la participación del Vaticano en los grandes conflictos mundiales.

En este breve recuento de las profecías de Juan XXIII, según el periodista Pier Carpi quien menciona en primer lugar, los acontecimientos que afectarán al Vaticano y a sus vicarios: *Dos hermanos, ninguno de los cuales será Padre verdadero. La madre enviudará. Los hermanos de Oriente y Occidente* (¿Israel, apoyado por Estados Unidos y palestinos, por parte de los árabes?) *se matarán y en la lucha matarán a sus hijos. El santo descalzo bajará entonces de la montaña y ante la tumba del descalzo bendecido por la Santísima Virgen hará que se estremezca el reino. Escuchen sus palabras.*

Santa María, hija y madre de Dios, señora del futuro, llama a tus hijos que están por los campos para que se unan a fin de destruir las dos Babilonias. Y sea una la madre, como única eres tú.

La tierra destruirá el cemento y tu nueva Iglesia será de tierra, oh Reina. Y en su nuevo altar de la tierra florecerá el trigo para el hambre de tus pueblos. Amén.

Terriblemente sorprendente y similar es esta profecía de Juan XXIII con la de Nostradamus en la que se menciona que habrán dos papas pero ninguno será legítimo y que dos hermanos morirán, uno en Oriente y otro en Occidente, lo que provocará caos mundial y crisis en la creencia religiosa católica. Todo esto mejorará cuando aparezca un santo descalzo que eliminará pacíficamente a los dos Papas en conflicto y unificará otra vez a los católicos en torno a la figura de un legítimo Pontífice, quien invocará la fuerza de la Virgen para lograrlo y las ciudades serán abandonadas para retornar a la vida sana del campo.

Muerte de inocentes, culpables en libertad

En otro texto de sus profecías, Juan XXIII reitera el conflicto que se desatará cuando mueran dos caudillos en Oriente y Occidente, posiblemente caerán casi simultáneamente: *Un gran relámpago en Oriente, no escucharás el trueno; todo será inesperado. Esto sucederá cuando muera un caudillo en Oriente y maten a un caudillo en Occidente. Al sur de Lutero. Rechacen a los asesinos que les sean presentados. Los asesinos están en Europa. Quieren el Mediterráneo. Después habrá el crimen sin asesinos. El tiempo ha incubado una mente a la sombra de la cruz roja y negra ignorada de todos, hija de los que estuvieron ausentes en Nuremberg. Ha tramado un crimen alrededor de sí misma. Hay quien renuncia a la vida por amor del mal. La tierra rozará la matanza. Uno morirá por todos y será el más bueno.*

No es este un tiempo para reyes, nunca lo fue. Desde la muerte de Federico, todo rey es un usurpador. Que se marche el rey y quede el pueblo. Europa tiene sed, habrá sangre por las calles. Más también habrán grandes procesiones y la Virgen Santísima descenderá a la tierra. No la verás en la gruta, sino en un corazón que volverá a la vida. Traerá de las tinieblas una palabra que todos comprenderán. Ha llegado la hora de las cartas.

Una profecía por demás reiterada por otros videntes, dos fallecimientos de grandes personajes, uno en Oriente, tal vez de muerte natural y otro asesinado en Occidente, que puede ser *al sur de Lutero*, es decir, de Alemania y rumbo a este punto cardinal, están Suiza e ¡Italia!, es decir, el ¡Vaticano!, aunque también se puede tratar de algún país de América Latina, al sur de Estados Unidos.

Aclara que no se debe creer en los supuestos asesinos que serán presentados públicamente por las autoridades, porque son inocentes, los verdaderos asesinos estarán muy lejos, en Europa. Uno de los matones es hijo de algún asesino que no fue juzgado en Nuremberg y provocará un gran conflicto bélico, por lo que un hombre bueno será sacrificado para solucionar este grave problema. Este texto encaja perfectamente con la profecía que expresa que un Papa morirá lejos de Roma, este parece ser el complemento a ese texto.

Después, un acontecimiento será anunciado por un trueno o relámpago en el Oriente, igual de dramático que los anteriores, se descarta que sean Rusia y/o China porque siempre son mencionados con precisión por el profeta, pero si pueden ser algunos de los países limítrofes.

Habrá un movimiento de resurgimiento en Europa exigiendo más libertad en todos los órdenes de la sociedad que provocará un gran derramamiento de sangre. En esto, encuadran los movimientos independentistas de las antiguas Yugoslavia, Checoslovaquia y de la ex Unión Soviética, por mencionar los más importantes.

Otra posible interpretación, a la luz de los últimos acontecimientos, es que puede referirse a la caída de las torres gemelas (dos gigantes) en oriente y occidente, estos edificios se conocían como norte y sur, dos puntos cardinales y que no se debe creer en los supuestos ejecutores de estos atentados y esto nos lleva directamente al líder talibán afincado en Afganistán, Osama Bin Laden, acusado de ser el autor intelectual y patrocinador de este hecho sangriento, pero que no se debe creer en el *hijo del asesino*, es decir, en George W. Bush, cuyo padre del mismo nombre participa activamente en la Segunda guerra mundial y además, provoca la guerra en Medio Oriente al iniciar ataques a Irak y a su presidente Saddam Husein, por haber invadido Kuwait. Todo esto encaja muy bien en esta primera parte de la predicción de Angelo Roncalli, ya que son muchos los que no creen en la culpabilidad de Osama.

También nos ubica en el añejo conflicto palestino contra israelitas, ya que muchos de los primeros, *ofrecen su vida por amor al mal*, entendiendo esto como una ofrenda inútil, matando a muchos inocentes a costa de sus propias vidas y provocando las cada vez más severas represalias, igualmente asesinas, de los hebreos. De verdad que el paralelo de estos acontecimientos y la profecía, producen un enorme escalofrío.

En otra parte de la predicción, se dice que también habrá una aparición de la Virgen pero será totalmente diferente a como ha ocurrido en los últimos años y si tomas en cuenta que tan sólo en México se ha "aparecido" en todas las formas y lugares inimaginables, descubrirás no que no son nada comunes, de ahí el escepticismo de los sacerdotes católicos que no reconocen estas apariciones como milagros.

Por otra parte, una persona que se cree muerta regresará del más allá para traer el testimonio de la grandeza de la virgen María del que absolutamente nadie tendrá dudas del milagro. Finalmente, aparecerán unos documentos (cartas), que aclararán situaciones de la Segunda guerra mundial hasta ahora desconocidas, destacando el hecho de que Angelo menciona los juicios de Nuremberg cuando menos con diez años de anticipación y de que muchos de los acusados son inocentes y varios de los acusadores son culpables de crímenes contra la humanidad.

Otro papado corto después de Juan Pablo II

La siguiente profecía también tiene puntos bastante claros: *Tu reinado será breve y grande, Padre. Será breve más te llevará lejos, a la remota tierra donde naciste y serás enterrado. En Roma no querrán darte sepultura y antes de que seas inhumado habrá otro padre, lejos, que rezará por ti, por las heridas de la madre. Mikail y Juan bajarán a la tierra. Se abrirán las urnas en las criptas de debajo del tesoro y se descubrirán los pasos del primer hombre.*

El gran hermano de Oriente hará temblar al mundo desde la cruz invertida sin lirios. El nuevo Padre le acometerá pero dejará huérfana a la Madre. Más antes de sus palabras de ciencia verdadera, el secreto del arma que destruye las armas. Vendrá entonces un tiempo de paz y el nombre de Alberto se inscribirá en la lápida

Muy claro está el mensaje; la iglesia católica entrará en crisis ya que habrá un Papa extranjero, es decir no italiano, que reinará por poco tiempo, (ni Juan Pablo Primero ni Juan Pablo Segundo tienen estás dos características juntas, por lo tanto, se refiere a alguno de los que siguen después de Karol Wojtiwa), luchará contra el anticristo que viene de Oriente y en la lejana batalla perderá la vida, no podrán enterrarlo en el Vaticano y será llevado a su tierra natal. Este sacrificio servirá para conseguir la paz, ¿su nombre?, sin duda Alberto.

Por otra parte, probablemente se descubrirán los restos de San Pedro y una especie de arma tan poderosa que eliminará o reducirá a chatarra a las demás, aunque no aclara si esto es para bien o para acrecentar el mal.

Guerra fanática-religiosa

La larga paz hará olvidar los errores del pasado. Hará olvidar al hermano mayor crucificado, cabeza abajo y habrá guerra en el interior de la Madre y los rebaños se dispersarán. Alguien llamará entonces aquel a la sangre y será escuchado, desgraciado aquel que haya lanzado el grito, porque suya será la primera sangre que corra. La media luna, la estrella y la cruz se enfrentarán, alguien mantendrá en alto la cruz negra, del valle del Príncipe vendrán los jinetes ciegos, tras ellos, los cuervos del hambre, la escasez y la peste.

¿Hacia donde creen huir, ahora que han destruido las iglesias y matado al último Padre? Esperen el signo de Juan, el cordero está dispuesto. Persígnense siete veces con mano fatigada y esperen, la luz viene todavía de Occidente.

Según Carpi, cuando muera un dictador de mucha influencia en Oriente habrá un largo periodo de paz en el mundo, pero los humanos se cansarán de ella y provocarán enfrentamientos bélicos, sin tomar en cuenta que, quien primero proclame la guerra, también lo será en morir. Por su parte, el catolicismo sufrirá muchas deserciones causando un gravísimo problema en el Vaticano, como por ejemplo, los actuales problemas de pederastia de que son acusados muchos sacerdotes católicos en Estados Unidos y ahora también en México, descubriendo un gravísimo problema de abuso sexual en niños por parte de sacerdotes que apenas está en la etapa de averiguación y que lleva a casos de muchas décadas atrás.

Esto está provocando una crisis muy severa, los mismos obispos y cardenales se han encargado de dar a conocer a estos sacerdotes enfermos sexuales y al menos, en apariencia y hacia el público, no serán defendidos más, cambiándolos de diócesis y parroquias para ocultar sus perversiones sexuales, ya que así, sólo lograban que hubiera más víctimas y nunca se actuaba contra el delincuente, en estos casos, sacerdotes católicos.

Lo que más causa temor es la parte de la profecía en la que dice que la media luna (musulmanes), la estrella (de David, hebreos) y la cruz (cristianos) se enfrentarán entre sí. Y al tenor de los actuales acontecimientos, al recrudecerse los enfrentamientos entre judíos y palestinos, que en lugar de disminuir van en aumento, gracias a los palestinos suicidas que causan muchas bajas entre los hebreos y a que estos, gracias a su armamento y apoyo de Estados Unidos, también causan muchas bajas entre sus acérrimos enemigos musulmanes.

En verdad que este aparente conflicto bélico, local y ancestral entre judíos y palestinos parece no ir más allá de una lucha interna, pero lo más probable es que si lo haga, involucrando a otros países y pudiendo ser el centro del inicio de una desastrosa Tercera Guerra Mundial, en la que intervendrán en forma masiva y destructiva, las tres grandes religiones del mundo, islámicos, hebreos y cristianos.

Precisamente, para mantener encendidos estos conflictos bélicos, habrá alguien, tal vez sin dar la cara, izará *la cruz negra en alto*, es decir, la actuación de las fuerzas del mal, posiblemente el anticristo y será largo y penoso poder vencer estas fuerzas satánicas y en el intermedio, el mundo vivirá y sufrirá de hambre, escasez y peste.

¿Adónde acudir para paliar las tribulaciones? No se sabe, ya que los templos han sido destruidos y el Papa ha sido muerto, tal vez sea el último a quien se refiere san Malaquías como el "Nuevo Pedro", el segundo en ser pontífice después de Juan Pablo Segundo.

Finalmente, como siempre, habrá una luz proveniente de Occidente que será un enorme faro que iluminará los cuerpos y almas de los sobrevivientes, con lo que se cerrará el capítulo correspondiente al Apocalipsis bíblico.

No se reconocerá nueva aparición de la virgen

Hoy se aparece la Virgen, nadie escucha su palabra porque, como siempre, la dulce señora se presenta a los humildes, quienes pueden escuchar y saben comprender. Sólo los humildes saben encontrar entre las flores las palabras sencillas, para dar sincero testimonio de ellas. Santísima Madre Inmaculada, tú que desciendes a la tierra entre rosas y hablas para quien no quiere escucharte. Santísima Madre del corazón abierto: no eres una estatua de carne, ni un sueño, ni un miedo, como afirman algunos. Estás viva para quien está vivo y hablas al mundo eligiendo a los más humildes. Más también sabes perdonar.

En esta predicción resulta difícil saber a qué tipo de gran aparición de la Virgen se refiere Angelo Roncalli, ya que cabe la posibilidad de que no sea una sola sino varias y ante gente humilde. Esto nos lleva a que durante los últimos quince años, mucha gente humilde jura que la Virgen se les ha aparecido en formas y lugares muy extraños. Por ejemplo, en México, lo ha hecho en sartenes, camisones, árboles, paredes, cajones y hasta en el piso de una estación del Metro de la ciudad de México. Lo más importante a destacar, es que muchas imágenes de la Virgen, tanto en pinturas como en esculturas, han aparecido con lágrimas y hasta con sangre y la mayoría de las veces ha sido en casas de personas muy humildes y en templos católicos modestos y sencillos.

Este es un llamado para regresar a la sencillez y humildad de espíritu, ya que estos fenómenos de lágrimas, sangre y apariciones de la Virgen se han repetido a lo largo y ancho del mundo, pero que, lamentablemente, se cae en el escepticismo hasta de los mismos sacerdotes católicos y el mensaje se perderá y corre el riesgo de que nunca se sepa cuál es, a menos que nos acerquemos a la gente humilde, ellos lo sabrán y también cómo complacer a la aparición mariana.

Poco antes del día del juicio final

Existe otra profecía en torno a diferentes acontecimientos de la iglesia católica, terrible y esperanzadora a la vez: *Antes de la última luz, los pastores reconocerán el signo. Y la madre tendrá muchos Padres y todos ellos serán hermanos. De las aguas y de las tierras nacerán catedrales y templos para antiguos y nuevos santos de nombre eterno. Pero ya ha llegado la hora de los santos. Todos hablarán la misma lengua. Y la hablarán para rezar a la Virgen y al Salvador. Llega a la tierra el Reino de Dios, se erige su ciudad incluso para quien no la deseó. El primer sol iluminará la balanza de lo creado. Abran su corazón al lirio.*

La voz será potente, la anunciarán las trompetas. Luz de Occidente, última luz anterior a la luz eterna y desconocida. La verdad será más simple que lo que todos hayan dicho o escrito. Será un juicio benévolo. Padre nuestro, que estás en los cielos, venga a nosotros tu reino. Hágase tu voluntad, así en la tierra como en el cielo. Veinte siglos más la edad del Salvador. Amén.

Esta es una irrefutable alusión al juicio final, antes de ello, la humanidad padecerá muchos males antes de comprenderse entre todos, de poder llamarse hermanos, de hablar una sola lengua y mantener una misma fe. ¿La fecha en que esto acontecerá?, veinte siglos más la edad de Cristo, es decir, los años 2033 ó 2036 de nuestra era.

América Latina contra Estados Unidos

En lo que respecta a nuestro continente y con precisión a América Latina, Juan XXIII proclama: *Desde el sur, contra Lutero y los herederos de Nuremberg, los que faltaron, los que ocupaban el sitial de los jueces. La que fue colonia esclava del tributo de la sal, impone su autoridad popular. Y llegará un santo a la ciudad blanca para decir en voz alta palabras de verdad. Tras él, a pecho descubierto, los humildes que traerán la justicia a la tierra de Lutero, ayer desgarrada.*

Las tierras del Oeste que se habían rebelado lucharon y vieron a sus hombres encerrados en el cemento, entre las palmas. Lutero tenía dos jefes enfrentados y divididos. Allende el riachuelo, la autoridad del pueblo y la orden de rendirse al mundo marginado que hoy, cuando han muerto las armas, posee el poder de la palabra. Lutero conocerá luchas y abrazos y más tarde, una sola palabra, la más alta, la ya pronunciada. Y al pie de la estatua de la primera santa será definida la carta del amor.

En los lagos espera el que odia; quiere matar y no se atreve. Sólo hoy termina Nuremberg. Más atención al rostro que sonríe y que viene del sur, más del sur que nadie. Su corazón estuvo siem-

pre en el norte y vuelve para recuperarlo con sus hermanos negros. Persiste el miedo, pero con la concordia todos los hombres de encima y debajo de Lutero buscarán a alguien. Y será de paz el día en que una mujer jurará sobre la Biblia renovada.

La interpretación de Pier Carpi a esta profecía de Angelo Roncalli es la de un movimiento popular que aglutinará a toda América Latina en contra de Estados Unidos para dejar de ser sus colonias, económicamente hablando, cuando en Estados Unidos se descubran a los que fueron jueces en Nuremberg y debieron estar en el banquillo de los acusados, así como a algunos de los altos jerarcas del nazismo que lograron esconderse en algunos países de América del Sur todos estos años, para no ser juzgados por sus atrocidades y crímenes de guerra.

Entonces, surgirá un hombre de la ciudad blanca, aún por descifrar cuál es, que procurará la paz, pero que deberá tener mucho cuidado, ya que un sureño que adora el norte, traerá más conflictos cuando se una a sus hermanos negros que viven en la Unión Americana.

Esto no es precisamente una rebelión de gente de color, sino que se puede referir a una especie de hermandad del mal. Esta rebelión librará, (después de llevar a cabo una lucha entre los bandos que inclusive permite ver la posibilidad de una invasión), a los países latinoamericanos de la sujeción de Estados Unidos, aunque aquí, actualmente, se puede adecuar a la inconformidad de estos países hispanoamericanos por tener que integrarse, forzosamente, a la globalización de sus economías y esto, significa, propiamente hablando, la "norteamericanización" económica.

Se firmará un pacto de igualdad entre países americanos, pero no faltarán estadunidenses resentidos con ese pacto y querrán rebelarse, más no se atreverán. Con este acto termina el "Juicio de Nuremberg" y la maldición de la Segunda Guerra Mundial.

Al final del texto profético, viene una clara alusión a que, dentro de unos pocos años, una mujer será presidente de los Estados Unidos que tendrá mucha influencia sobre todo el continente y seguramente en el mundo.

Terrible hombre africano de túnica amarilla

Ya hemos visto graves acontecimientos en Europa y América, pero, qué pasará en África, Angelo Giuseppe Roncalli lo dice: *El hombre de la túnica amarilla, de piel negra y cráneo rapado, hijo del Leopardo, sembrará el terror, arrastrando al viaje del exterminio a las multitudes del hambre. Esto sucederá allí donde África termina. Luego subirá la marea y no habrá en aquellas tierras más blancos que los renegados. Será levantado un ídolo siete veces más alto que el hombre de la túnica amarilla. El mundo, atemorizado, le rendirá honores. Pero llegará de Oriente, en pleno día, el rayo, cuando el ídolo sea derribado y se dispersen los devoradores de corazones.*

Cuando se divida el Islam y los hijos de Mahoma luchen contra los hijos más secretos de Fátima, los del Asia en llamas, reconocerán entre estos, con un nuevo rostro, al hombre de la túnica amarilla. Los hijos de Mahoma saldrán vencedores, el nombre de Fátima volverá a ser sagrado y la sangre del cruel regará el desierto. De la pequeña isla del Mediterráneo brotará el grito del nuevo caballero. Y las naves de las falsas banderas serán hundidas. Primer Día de Europa.

Al igual que en América, los conflictos raciales empezarán al sur de África y se extenderán irremediablemente hacia el norte, provocado por un líder negro ataviado con túnica amarilla, quien se autoproclamará *Hijo del Leopardo.* No se descubrirá quién es el alto personaje que está a la sombra apoyando este movimiento, pero es aún más poderoso que el mismo hijo del Leopardo. Lamentablemente, el mundo lo homenajeará más por miedo que por amor a la paz, sin embargo, habrá una pronta reacción de Oriente y estallará otro conflicto bélico, debido posiblemente a la muerte o asesinato de este personaje de túnica amarilla.

Cabe la posibilidad de que fallezca en el norte de África o tal vez en Europa, en el territorio de los Balcanes, región en donde, desde principio del siglo XX, han habido dolorosas matanzas de civiles, tanto como en la actualidad, por la desigual batalla armada de los países miembros de la OTAN, entiéndase Estados Unidos e Inglaterra, principalmente, contra la ciudad de Kosovo en la ex-Yügoslavia, precisamente llamada ahora también, la guerra de los Balcanes.

Según la interpretación de Pier Carpi de esta profecía de Juan XXIII, esta guerra debería ser puramente religiosa, ya que involucra a los hijos de Mahoma y a los de Fátima. entiéndanse islámicos contra cristianos y aunque no sabe las causas de la disputa, ahora es posible precisarlas en principio, simple racismo, causado por el expresidente de Kosovo, Slobodan Milosevic y la nefasta reacción de la OTAN, quienes supuestamente protegen a la población indefensa de los ataques de Milosevic, pero no hay quien los defienda de los mal intencionados ataques militares de la OTAN.

La profecía precisa que Europa permanecerá pasiva, como ha sido hasta ahora y la guerra será entre grandes potencias, esto será totalmente cierto si interviene Rusia en favor del expresidente de Kosovo o China en contra de los países aliados, entiéndanse Estado Unidos, Francia, Italia e Inglaterra. Aún ahora, no sabemos en que parará este problema étnico.

Por otro lado, los asiáticos actuarán con un nuevo rostro, incluido el hombre de la túnica amarilla, hasta que sean descubiertos como los provocadores de esta guerra y la victoria será para los hijos de Mahoma, los musulmanes ortodoxos.

Ahora bien, en la profecía se menciona a una pequeña isla del Mediterráneo, sin duda la isla de Malta, situada en el centro del Mar Mediterráneo y lugar estratégico desde el cual se puede llegar fácilmente a toda Europa y al continente Africano. Desde Malta se escuchará la voz de un gran caudillo y provocará que las flotas marinas que estén en ese mar de países extraños y enemigos, sean destruidas. Después de este conflicto racial, Europa se alzará como una verdadera Unión Europea, como ya ha empezado a serlo al unificar sus economías y monedas en una sola, el Euro.

Grandes cambios mundiales

Angelo Roncalli dedica otras profecías a los posibles cambios mundiales que nos afectarán, de una u otra forma, a todos los habitantes del planeta, por ejemplo: *He aquí el libro maldito, escrito por quien se odiaba a sí mismo y odiaba a su raza. He aquí el libro de la mentira, del odio y de la podredumbre. Por culpa de sus palabras morirán muchos, sin comprenderlo ni saber quién fue su verdadero autor. Porque este murió mucho tiempo atrás y quien encontró el libro permanece escondido. He aquí el libro que invoca el odio y divide a los hombres. Cuánto daño causará, cuántos dolores y cuántas guerras traerá. Por este libro se fabricarán nuevas armas y muchos hombres se encerrarán en sí mismos. Esta es la verdad, se gritará por parques y plazas, esta es la única verdad. La tierra y sus amores se vendrán abajo.*

El libro triunfará durante setenta años en la cuarta parte del mundo. Forjará caudillos, esclavizará a los pueblos. Y los hombres sembrarán odio y miseria. El orgullo, el sueño del orgullo, el nuevo paraíso. El infierno en la tierra. Entre una y otra guerra, alguien hablará de amor. Más aunque sea derrotado, desenmascarado y puesto en evidencia como falso, el libro seguirá teniendo algunos seguidores, hasta el fin de los siglos.

Este texto también coincide con algunas cuartetas de Nostradamus, ya que expresan la existencia de un libro maldito o tal vez del rescate de una antigua cultura bélica que logrará aglutinar a una cuarta parte de los habitantes del mundo. Esto nos lleva a pensar, principalmente, en las grandes religiones, islam, judía y cristiana, este libro o cultura pueden ser piedra fundamental de sus creencias y provocará guerras ideológicas con armas que no se han utilizado hasta hora, presumiblemente más poderosas que las conocidas hasta hoy, serán 70 años de luchas interminables.

Hay algunos puntos que no quedan claros; sí esta humanidad vivirá hasta el 2033, forzosamente el libro, de quien no se sabe el autor, ya debe haber causado o debe estar causando esta larga guerra, sobre todo si consideramos el año en que fueron escritas las profecías, 1935, cuatro años antes del inicio de la Segunda guerra mundial, si le agregamos los 70 años de la profecía, nos conduce hasta el año 2005, sin embargo, no se alcanza a distinguir de qué libro maldito o cultura antigua se está hablando y de qué guerra en particular.

Puede ser que se trate de los libros sagrados como *El Corán* de los árabes, *La Tora* de los judíos incluso, la misma *Biblia*, que, aunque no son considerados como libros malditos sino todo lo contrario, sagrados y venerados, puede que se refiera más a cómo serán utilizados y manipulados para matar, en nombre de ¿Dios?

Desde la guerra de Vietnam, se han utilizado armas secretas bacteriológicas derivadas del estudio de un libro negro en poder de los militares de los Estados Unidos y cada enfrentamiento es aprovechado para experimentar en poblaciones civiles las reacciones que causan esas armas en los humanos, tal y como se llevó a cabo en la batalla contra Irak, en la cual se emplearon ese tipo de artefactos inclusive entre los propios soldados estadounidenses.

Influyentes movimientos religiosos

Alejandría es la tierra del Concilio del mundo y en ella se abrazan quienes creen en el hombre. Cristo es hombre porque es Dios. Todos se preparan para la gran lucha del espíritu contra quien lo niega. Tú, Marcus, no podrás hacer nada desde tan lejos. Tu cuchillo es agudo, pero está demasiado afilado. La luz que emana de la reunión de paz refulge, lo reconoce y lo rompe en pedazos.

Israel, tú que en estos días hallas nueva tierra alrededor de la ciudad de los tejados de oro; hora es ya de lavar la sangre de tus hijos. Israel acude a la ciudad y la salva, por fin tiene seis puntas la estrella. El hombre que está solo a orillas del Neva, habla al mundo y se da muerte. Dios que lo creó para aquel momento, se apiadará de él. Sus palabras serán recogidas y formarán un rosario.

Y otros matarán cerca del Neva. Hoy sale al fin del río, intacto, el cuerpo nunca encontrado del monje santo. Y sus hijos secretos rezarán dentro del arca. Mirarán hacia la ciudad de los tejados de oro y su profeta, muerto en el Neva con la última palabra en los labios, será escuchado donde quiera haya enrojecido la bandera.

Es posible que traten de unirse los movimientos espirituales y/o religiosos más importantes del mundo, cristianos, judíos e islámicos, pero un extraño personaje llamado *Marcus* tratará de impedirlo, pero como está muy lejos (¿en América del sur o África del sur?) será desenmascarado y se evitará su nefasta actitud.

En cuanto a la ciudad de tejados de oro, se cree que esta es la ciudad de Praga y suena sumamente extraño que Israel vaya a intervenir en esta ciudad y más aún, con la suposición de que esta, pueda ser la nueva Israel, es cierto, actualmente, los eslovacos se han separado de este país y ahora se llama simplemente, República Checa. Además, se cree que los israelitas tendrán éxito y vengarán la sangre de sus hijos, logrando así, que la Estrella de David logré tener sus seis puntas, es decir, unificar y asentar a su pueblo definitivamente.

También habla de un gran personaje muerto, santo, a orillas del río Neva, hundido en sus heladas aguas y la referencia es muy clara, aunque haya sucedido muchos años antes, la muerte de Rasputín, el famoso monje y chamán ruso quien pronosticó la desaparición de la nobleza rusa y la muerte de toda la familia del zar.

Pero lo importante, es que los "hijos de Rasputín" los que compartieron sus enseñanzas en la secta de los Khystis y los Amigos de Dios, están dispuestos a volver a tener un papel protagónico, a través de la religión de los ortodoxos, sobrevivientes de la desaparecida Unión Soviética.

Otro personaje de gran influencia religiosa, será asesinado cerca del río Neva y provocará una lucha por la libertad religiosa, teniendo como indicador al mismísimo Rasputín, quien según muchos estudiosos de este admirado personaje, ni fue un santo, pero tampoco el demonio que se ha hecho creer.

Como síntoma de esta liberación, se expandirá por todos los países donde quiera que haya enrojecido la bandera, es decir, esta profecía ya se ha cumplido en parte, porque ya no existe la URSS y han sido liberados muchos países que fueron sujetados por la fuerza al régimen socialista: Polonia, Checoslovaquia, Hungría, Alemania Oriental y Yugoslavia, por mencionar a los más sobresalientes.

Surgimiento de la tercera Italia

Hay una profecía que hace referencia directa a Italia, la cual dice: *Has vuelto de la montaña, Abraham, trayendo ileso a tu hijo. La montaña de Italia no desea más sangre de sus preferidos. Esta es la Tercera Italia. Los papeles aparecieron hace tiempo, la mujer murió y los nombres fueron revelados. Ha sido necesario que murieran dos Italias para limpiar el pasado y las cenizas no han parecido suficientes.*

Todos confesaron, excepto quien se suicidó y quien fue muerto. Más los asesinos fueron apresados uno a uno. Abraham está en esta tierra en la que el Sol se oscureció hace mucho, en la que el Padre de la Madre caminó pisando sangre por las calles de Roma, el primer día.

Hoy Roma ya no lleva este nombre. Es un recuerdo y sus palacios están en el norte. Aquí quedan las ruinas, ruinas de objetos y de hombres. Abraham es hijo y padre de Europa y sus hermanos están aquí. Siete caudillos asesinados en las siete colinas, antes de la tercera Italia, última rebelde de Europa, unida a las banderas rojas por Severo. Un juramento secreto en el Janículo, una conjura y luego el viento de la libertad. Hermanos entre hermanos. Alguien llora y reza en la casita de Loreto. El mundo lo escucha cada noche.

Según Carpi, el autor del libro profético de Angelo Roncalli, esta predicción se refiere a la historia de Italia, aunque tiene pasajes aún oscuros e imposibles de descifrar. Lo que sí, es que es optimista, después de haber superado unas pruebas muy difíciles en las que habrán muertos y separación de los italianos, entre ellos y entre las demás naciones europeas.

La frase inicial en la que menciona a Abraham no está clara la forma en que surgirá este personaje o símbolo, pero que será capaz de lograr un gran sacrificio por parte de los italianos, similar al de tener que ofrecer a sus hijos en sacrificio, ¿para una guerra de grandes proporciones?, aunque no se llegará a este extremo, así, surgirá una nueva Italia.

Saldrán a la luz documentos que están en poder de una mujer que, al morir, es posible conocer su contenido y descubrir que muchos de los que se dicen inocentes o pasan como honrados no lo son y quienes han sido acusados de delitos, serán rehabilitados sus nombres. De estos desenmascarados culpables, algunos se suicidarán, otros serán arrestados y otros asesinarán para intentar escapar a su castigo, que finalmente se logrará.

Por otra parte, al referirse al *Padre de la Madre,* esto es que, en ese cambio hacia la tercera Italia el Papa caminará por las calles de Roma que han sido ensangrentadas por los italianos al ser asesinado un caudillo en cada una de las colinas de la misma Roma.

Las dos últimas frases hacen referencia de alguien quien llora y ora en la casa de Loreto, famosa porque, según la leyenda, allí bajó del cielo de manos de los ángeles. Este personaje, a pesar de su dolor, se hará escuchar todas las noches y la gente estará al pendiente de sus mensajes (¿algún Papa de mucha personalidad y querido por todos los católicos?) y al ser escuchado se evitarán más problemas graves para los italianos.

Fuerza en la palabra de Dios y extraterrestres

Angelo Giuseppe Roncalli también profetizó el resurgimiento de la palabra de Cristo y verdaderos encuentros cercanos del tercer tipo, por ejemplo: *Siete de Grecia hacia el mundo, después de la visión. Y palabras nuevas conquistarán la tierra. Repetidas por Cristo. Repetidas por sus nuevos hijos. Será un momento de renacimiento y de grandes cánticos. Los rollos serán hallados en las Azores y hablarán de antiguas civilizaciones que enseñarán a los hombres cosas antiguas que ellos ignoran. La muerte se alejará y el dolor será escaso.*

Por medio de los rollos, las cosas de la tierra hablarán a los hombres acerca de las cosas del cielo. Los signos, cada vez más numerosos. Las luces del cielo serán rojas, azules y verdes y veloces. Crecerán. Alguien viene de lejos. Quiero conocer a los hombres de la tierra. Ya han habido encuentros, pero quien vio realmente ha guardado silencio.

Si una estrella se apaga, ya está muerta. Más la luz que se aproxima es alguien que está muerto y regresa. La respuesta, al descubierto en los papeles ocultos en el subterráneo metálico de Wherner. El tiempo no es lo que conocemos. Tenemos hermanos vivos y hermanos muertos. Nosotros somos nosotros mismos. El tiempo nos confunde. Bienvenido, Arthur, muchacho del pasado. Tú serás la prueba. Y te entrevistarás con el Padre de la Madre.

Esta es una de las profecías de Angelo Roncalli más clara, lee por qué. Anuncia la aparición en el mundo de siete grandes personajes nacidos o educados en Grecia que transmitirán las verdaderas palabras de Cristo o harán alguna revelación que conducirá a un nuevo despertar del cristianismo.

Por otro lado, habrá un gran acontecimiento por unos rollos o documentos encontrados en una de las nueve islas que integran las Azores, (un archipiélago situado en el océano Atlántico a 1,400 kilómetros al oeste de Portugal, país al que pertenecen). La descripción es tan directa que no se puede confundir con los famosos Rollos del Mar Muerto encontrados en las cuevas de Qumran, Israel en 1947.

Los rollos descritos por Juan XXIII divulgarán experiencias de antiguas civilizaciones, lo que permitirá a la humanidad obtener madurez y cultura, principalmente en el terreno de la medicina, ya que con esos conocimientos se alejará a la muerte, es decir, habrán curaciones para muchas enfermedades mortales, tal vez contra el cáncer y el SIDA entre otras, por lo que casi no habrá dolor para las personas por defunciones por padecimientos.

Parece probable que tengamos encuentros cercanos del tercer tipo con extraterrestres, habrá abundancia de avistamientos de platillos voladores, pero debemos cuidarnos de quienes dicen ser contactados, ya que quienes lo han sido realmente, han guardado silencio hasta ahora. Se descubrirán también otros documentos en el laboratorio metálico de Wherner, seguramente el nombre del laboratorio o el apellido del científico quien los resguarda.

Al decir que somos nosotros mismos y que el tiempo nos confunde, seguramente Angelo se refiere a que los posibles extraterrestres somos nosotros mismos en el futuro, pero será una persona del pasado llamada Arthur, quien confirmará a la humanidad los nuevos descubrimientos científicos, sociales y religiosos. Aquí cabe la posibilidad de que sea una persona del futuro quien llega al pasado, a nuestro presente, para darnos las buenas nuevas. Este personaje será tan importante que se entrevistará con el Papa en el Vaticano.

Plegaria al Señor

Al final de los textos que le permiten leer y copiar al periodista italiano, Pier Carpi, hay una oración que simplifica y dice gran parte del pensamiento de Juan XXIII, al dirigirse a Dios gloriosamente, dando a entender que ninguna profecía escrita se cumplirá si antes no hay la voluntad divinidad de que así sea, que la palabra de Dios está por encima de la de cualquier otro simple mortal, no por menosprecio sino porque el futuro de la humanidad está en manos de quien la creó.

Si los hombres se dicen ateos, eso no importa, el mismo Jesucristo lo comprende y reza por ellos ante Dios Padre y esas oraciones estarán cargadas de buenos y malos momentos y sentimientos de hombres, mujeres y niños por lo que todos serán bien recibidos en el Cielo, gracias a que Jesús vino a la Tierra para conseguir el perdón a la humanidad por todas las atrocidades que ha cometido el hombre, abusando del libre albedrío del que estamos dotados.

También da a entender que, al final de los tiempos, sólo prevalecerán las disposiciones divinas y el mundo seguirá o no su marcha, únicamente "Si Dios Quiere y que así sea".

La plegaria, Señor, es sólo tuya, ya que sólo tuya es la voz de las personas cuando renacen a la otra vida, rendidos a los ojos y al último aliento. Nada de lo escrito vale cuanto vale lo dicho y recordado con amor y transmitido al sudor de la tierra por las voces que musitan oraciones: rezos del alba, la tarde y la noche.

Qué grandiosa es la Tierra que has sembrado y qué solemne la oración que exhala en brumas de verano y nieblas invernales para el ojo que de lejos las contempla. Has dado un hijo a cada hombre y a cada hombre has dado un pan y se renueva día a día la plegaria cuando se parte el pan y muere el hijo.

La plegaria, Señor, es sólo tuya, ya que sólo tuya es la voz que hay en el mundo, la del cordero, la del árbol, la del hombre, la de todo lo que en él puede tocarse. Cada tiempo conserva tu recuerdo, ya que no se ha dado nunca un paso en vano: incluso, el caminante que te ignora deja tras él semillas de alabanza. El que calla ha rezado o rezará y tú por el que calla ya rezaste el séptimo día, el día del descanso.

Cada hombre cuenta ya con su plegaria, que es risa, llanto, grito y furia. La propia vida reza en el abismo que tú poblaste de amorosos sueños al ofrecértenos como Dios de perdón.

La plegaria, Señor, es sólo tuya.

Nombres para el futuro

Al final del libro, Pier Carpi enlista nombres y frases a los cuales no puede dar una correcta interpretación, por lo que sólo queda esperar el paso del tiempo e ir descubriendo, si efectivamente, estas son profecías del Papa Juan XXIII, o mejor dicho del sacerdote Angelo Giuseppe Roncalli, el verdadero significado de estas nominaciones y las frases que las abarcan, tal parece que están escritas precisamente para que estos personajes las lean y sepan cuál puede ser su destino, si Dios no dispone lo contrario:

- ALBERT. Cada estrella vive su propia luz y en lo negro no basta con el sonido de tu órgano cuando los hombres mueran a tu alrededor. Se hablará de ti con palabras de paz, pero tú sabes que nunca la tendrás dentro de ti. El mundo tardará en comprender cuánto dolor sembraste con tu egoísmo.
- ALCES. No dejes de recoger flores blancas. Tus brazos serán cada vez más fuertes y el peso no te fatigará, ya que cada flor sostendrá a la siguiente. El mundo necesita todas estas flores.
- BABILONIA. Surgirás y te hundirás otras tres veces. Es tu destino y no puedo decirte nada porque no hablo contigo.
- CAINA. Tienes demasiadas hijas y un solo padre. No tienes madre porque no sabes serlo. Tu última hija te matará y las otras renegarán de ti cuando descubran que son como tú.
- CORINNA. Sabes guardar el secreto bajo el ala, aunque sea imposible olvidar. Lo que digas puede ven-

garte, pero no puede matarte en el fondo. Cierras los ojos al sonreír.

- DAVID. Baja la honda, levanta la cabeza. Hay más desierto para que los hagas florecer. El desierto mayor está dentro del hombre. (¿Referencia a Israel para que deje a los palestinos el actual territorio que ocupa y se asiente en otro lugar en donde podrá estar en paz y progresando sin necesidad de combatir todos los días contra sus enemigos?).
- ENIAH. Tu torre está sola y sólo encierra un sueño en su interior. Tú mismo eres un sueño.
- ESTOCOLMO. La segunda visión desde lejos, el segundo incendio. Este es el primer signo.
- FEDERICO. Bienvenido al reino de la humildad. Bienvenido, tú, elegido de entre los humildes. Elige a Agostino, rechaza a Benedetto. (¿La ascensión de un futuro rey o de un Papa?).
- HARVEY. Lo que es vidrio será fuego y no podrás impedirlo. El último en llegar, el más bajo, el más tembloroso, será el más temible. No lo reconocerás. (¿Un posible anticristo o un personaje que atemorizará al mundo?).
- HENRY. El cuarto fusil, que tú cargaste, disparará por ti. Has escuchado a Martín en las colinas y te has unido al pacto negro. Antes de tu muerte, alguien raptará a tus nietos en las colinas.
- HUGO. Detente ante el solio (trono) y no pienses en él. Que tu mano vuelva a los folios. No deben quedar en blanco. La luz no siempre ilumina; para algunos aturde y mata (¿Bombas nucleares?). Que tu blanco sea tu luz.
- MARLE. Te reconocerás cuando te veas a lomos de las Bestia triunfante. Entonces le cambiarás el nombre a tu madre. (¿Una mujer Papa que cambiará las estructuras ancestrales del Vaticano? o ¿una mujer presidente, presumiblemente en Estados Unidos que

acabará inclusive con Inglaterra, *madre* de Estados Unidos?).

- NEGH. Ya no hay mármol bajo tu león, sino el sagrario de tus allegados, víctimas del exterminio. Morirás solo, amado y odiado y te olvidarán. Es tu recompensa.
- NEVA. Setenta y siete años. De la primera sangre que se heló en tus aguas hasta la última sangre, la de la libertad. Dos hombres casi iguales, dos muertes y luego, el triunfo de la vida.
- PARÍS. Tres disparos en la noche, tres maldiciones. Las aguas, el fuego, la peste. Te encontrarás a ti misma en el hierro.
- ROMA. Acepta las ruinas. No extiendas sedas ni siembres flores para los pies del que viene. Estos pies aman el dolor. (¿La ruina del Vaticano, una forma de decir que no es necesario hacer buenas obras porque el siguiente Papa se encargará de las malas?).
- ROSA. La Santísima Virgen se aparece para todos, más a veces sólo para una persona. Muchas veces ha pedido que hablen, pero a ti te ha ordenado que calles. Acepta con alegría sus designios. (¿Se refiere al Tercer Secreto de Fátima, a que solamente queda viva sor Lucía de los tres pastorcillos que la vieron y que además, ella no puede revelarlo por instrucciones del Papa?).
- SIGFRIDO. El canto, el canto, el canto y el último viaje a la marisma de la que no se regresa. Esmeralda virgen y reina, sola. Todos se reirán de ella.
- SIGMUND. Más allá de tu ciudad y de tu muerte, más allá de la carne de la que vienes, hay leves suspiros que en pocos años sepultarán tus aullidos de poseso.
- SIMÓN. Que esta llamita nunca se convierta en hoguera. (¿Alguien que puede provocar una gran guerra?).

- UK'UBUK. La piedra negra es la que buscabas, pero cámbiale ahora el color. El gris dorado te seguirá hasta más allá del calvario, con los puños en alto. Para tu gente hay una edad: la tuya.
- VERA. Esperas entre bosques a los hombres de la libertad. En sueños verán una marca blanca en la senda. Te buscarán y te reconocerán y bendecirán siempre tu nombre.
- WHEINER. Odio hacia tu ciudad y odio hacia el mundo. Abandona el tercer libro, recoge el polvo, camina entre la multitud y vuelve a encontrar a quien guió tus primeros pasos por el camino de la oración.
- WHANG. No te esperarán, pero estás preparado. El mundo espera mucho de ti: palabras claras, banderas azules, sonrisas de loco y sonrisas de niño. Tú vestirás a la gente.
- ZELDA. Conservas el recuerdo querido y las flores, aunque están muertas. Hay una hora para cada cosa, incluso para el amor que los otros mataron.

Hasta aquí estas profecías de Angelo Giuseppe Roncalli; Juan XXIII. Al igual que con Michel de Notre Dame, Nostradamus, falta definir el tiempo en que se llevarán a cabo estos pronósticos, por mientras, como escribió el mismo Juan XXIII "El tiempo nos confunde".

Breve glosario

Agnosticismo. Teoría filosófica que defiende la imposibilidad para el hombre de poder conocer a Dios, tanto en lo que se refiere a su existencia como a su naturaleza. El agnosticismo tiene su raíz, sobre todo, en el positivismo, que pone como criterio de verdad la verificación experimental y el criticismo kantiano que niega la cognoscibilidad o conocimiento de los objetos de la metafísica como Dios o el alma.

Armisticio. Palabra que proviene del latín *armas* y *statio*, suspensión. Es decir, es la suspensión de hostilidades pactada entre pueblos o ejércitos beligerantes.

Arquidiócesis. Prefijo procedente del verbo griego *archo*, que significa: ser el primero, mandar.

Arzobispado. Dignidad de arzobispo. Territorio en donde el arzobispo ejerce su jurisdicción. Palacio del arzobispo.

Arzobispo. Es un obispo de iglesia metropolitana o que tiene honores como tal.

Cardenal. Del latín *cardinale*. Es un prelado católico, miembro del Sacro Colegio Cardenalicio o consejo del Papa. Los cardenales son elegidos por el Papa a quien asisten en el gobierno de la iglesia católica, ya sea como prefectos o miembros de las diferentes congregaciones de la curia romana en la administración ordinaria, convocados por el Papa en consistorio en asuntos de gravedad.

Sixto V los limita a 70 cardenales; Juan XXIII los aumenta a 85 en 1960 y Paulo VI a 134 en 1969. Una de las principales prerrogativas de los cardenales es su derecho (exclusivo desde 1179) a elegir al nuevo Papa, pero pierden este derecho a los 75 años, cuando tienen que jubilarse y retirarse de sus actividades eclesiásticas.

Capellán. Clérigo titular de una capellanía y por extensión, clérigo o sacerdote en general. Antiguamente, es el sacerdote que dice misa en un oratorio privado y que frecuentemente mora en la casa.

Cardenalicio. Todo lo que se refiere a las actividades de los cardenales.

Consistorio. Concejo que tenían los emperadores romanos para tratar los negocios más importantes. También, es el concejo que celebra el Papa con asistencia de los cardenales de la iglesia romana. A su vez, es el concejo directivo de algunas comunidades religiosas protestantes y judías.

Curia romana. Conjunto de congregaciones, tribunales y oficios que contribuyen con el Papa en el gobierno de la iglesia católica. Sus estructuras han sido renovadas por imposición de las nuevas necesidades. Mantiene las tres principales dicasterios: Congregaciones, Tribunales y Oficios. Se abre al contacto con los laicos y admite su colaboración, se observa una inquietud por los problemas pastorales y por un contacto permanente con el episcopado mundial. Al mismo tiempo, se han creado tres secretariados y dos comisiones pontificias.

Diócesis. Distrito o territorio en que tiene y ejerce jurisdicción espiritual un obispo. Desde los primeros tiempos del cristianismo, los apóstoles fueron creando obispos a los que era atribuida la jurisdicción sobre localidades circunscritas. Después de Diocleciano (emperador romano 245-313), estas localidades tomaron el nombre de

Diócesis, es decir, el de la división administrativa que aquel emperador estableció para el imperio.

Eclesiástico. Todo lo relativo a la iglesia. También es el libro deuterocanónico del Antiguo Testamento escrito por Jesús Ben Sirá hacia el año 180 antes de nuestra era y su contenido es en forma de sentencias, elogia la sabiduría y recomienda la práctica de la salud.

Ecuménico. Que es universal, que se extiende a todo el mundo. Se dice especialmente de los concilios generales a los que han sido llamados todos los obispos del mundo. También es el título que toman los patriarcas griegos considerados cismáticos o separatistas.

Ecumenismo. Es el movimiento que trabaja para la unión de las diferentes confesiones cristianas y la aproximación de estas con otras religiones y el pensamiento ateo. Su inicio lo constituye la conferencia mundial de misioneros, reunida en Edimburgo en 1910; de ahí, nace el movimiento denominado "Fe y Constitución". Con el Concilio Vaticano Segundo, convocado por Juan XXIII en 1959, el movimiento ecuménico cobra gran auge, constituyéndose un secretariado de unión para todas las confesiones.

Encíclica. Carta o misiva que dirige el Papa a todos los obispos y fieles de la iglesia católica, por la que ejerce su magisterio. Generalmente, los temas versan sobre la fe y costumbres. Se denominan por las palabras con que comienzan: *Rerum novarum, quadragésimo anno, Pacem in terris, Ecclesiam suam,* etcétera.

Episcopado. Dentro del cristianismo, la última y más elevada de las sagradas órdenes, por la que se recibe la plenitud del sacerdocio. Cada obispo tiene, por lo tanto, jurisdicción plena para el gobierno y la enseñanza en todo lo que concierne al poder eclesiástico en su diócesis. También es la dignidad de ser obispo; la época y duración del gobierno de un obispo y un conjunto de obispos.

Exarca. Dentro de la iglesia griega ortodoxa, es la dignidad inmediata inferior a la de patriarca que gobierna un exarcado.

Exarcado. Dentro de la organización eclesiástica, es el término que designa un territorio administrativo de las iglesias ortodoxas. En la actualidad, los católicos del rito oriental también gozan de estas demarcaciones eclesiásticas.

Glosolalia. Del griego *gloso, lengua* y *laleo, hablar*, es decir, hablar una lengua. Desde el punto de vista religioso, es uno de los carismas de que gozaron los cristianos primitivos, que consistía en el hablar iluminado, comprensible solamente en virtud de la gracia.

Iglesia ortodoxa. Esta, es un conjunto de iglesias cristianas separadas de Roma desde el cisma de Miguel Cerulario en 1054. Los ortodoxos constituyen una de las tres ramas más importantes del cristianismo, su nombre oficial es el de *Iglesia Ortodoxa Católica* aunque es más conocida en Occidente como *Iglesia Ortodoxa*. Estos términos se prestan a confusión cuando se refieren a la iglesia rusa o a las comunidades formadas en Occidente.

Dogmáticamente, existen pocas diferencias con el catolicismo: por ejemplo, no aceptan el primado del pontífice en el Vaticano, tampoco la doctrina católica de la unidad de la iglesia, ni la doctrina de la procedencia del Espíritu Santo del Padre y del Hijo y consideran necesaria la invocación del mismo Espíritu Santo en la consagración de la misa.

Existen otras diferencias entre ambas, sobre todo en la liturgia y en los usos eclesiásticos: los ortodoxos aceptan la ordenación de hombres casados y celebran la liturgia en rito bizantino, sirviéndose de la lengua vulgar de cada país; además, utilizan pan fermentado en el sacrificio de la misa.

Las diferentes iglesias ortodoxas son diferentes entre sí y están regidas por un patriarca y con frecuencia, están constituidas en iglesias nacionales. Se calcula que deben haber más de trescientos millones de fieles ortodoxos, destacando los griegos, melquitas y eslavos, que son los más numerosos y los menos están en Rumania, Georgia, Albania y Finlandia.

Homilía. Del latín que significa *reunión*. Es la plática destinada para explicar a la gente común los asuntos religiosos. En los primeros tiempos, consistía en una explicación sencilla de un punto del Evangelio. Entre las más famosas lecciones de homilías destacan la de san Juan Crisóstomo, san Gregorio Nacianceno y san Basilio.

Índice o index. También conocido como *Índice Expurgatorio* o *Índice Catálogo Oficial (Index Librorum Prohibitorum)* con el que la iglesia católica consigna los libros prohibidos, es decir, aquellos que no deben ser leídos por los católicos sin permiso especial de la autoridad eclesiástica. En él, se registran las obras que se consideran notoriamente peligrosas. El primer índice aparece en 1559 y supuestamente, es suprimido en 1966.

Isla del diablo. Isla pequeña y rocosa situada en el océano Atlántico, al norte de la Guayana Francesa. Formó parte de una colonia penal francesa que estuvo en funcionamiento desde 1852 hasta 1946. Tenían tan pocas medidas de salubridad que muchos presos murieron allí y muy pocos lograron escapar, por lo que se consideraba que, quien era condenado y recluido en esta isla, era tanto como estar condenado a muerte.

Monseñor. Título de honor que se da en Italia y España a los prelados y eclesiásticos de dignidad. Este tratamiento se ha extendido, refiriéndose a los eclesiásticos, en todos los países de lengua española y que, antiguamente se daba en Francia a los hijos primogénitos o delfines de los reyes y a algunos altos personajes.

Nuncio apostólico. Representante diplomático del Papa que, además como legado, ejerce ciertas facultades pontificias. La estabilidad de sus funciones lo distingue de los simples legados y delegados.

Obispo. Viene del griego y latín y significa *El que vigila*. Es un prelado de jurisdicción sobre una diócesis en la que ejerce la triple potestad de enseñar, gobernar y santificar y que se dice que fue conferida por Cristo a la iglesia católica. Según algunos teólogos, el episcopado es la perfección del orden sacerdotal por cuanto al poder de consagrar, esencia del poder sacerdotal, añade el de comunicar a otros este poder a través de la ordenación.

En la iglesia católica sólo el Papa puede transmitir canónicamente la institución del episcopado, por esta razón, la toma de posesión canónica de un obispo implica la presentación de las cartas apostólicas de su nombramiento.

Papa. Sumo pontífice romano, obispo de Roma, vicario de Cristo, sucesor de san Pedro en el gobierno universal de la iglesia católica, de la que es cabeza visible. También recibe el título de pastor supremo, patriarca de Occidente, primado de Italia.

Palingenesia. Regeneración o renacimiento de los seres después de la muerte real o aparente.

Pentecostés. Del griego que significa *quincuagésimo*. Es la festividad de la llegada del Espíritu Santo que celebra la iglesia católica en domingo, al quincuagésimo día que sigue al de la Pascua de Resurrección. También es la fiesta que los judíos celebran cincuenta días después de la Pascua del Cordero, en memoria de la ley que Dios les dio en el monte Sinaí.

Prefecto. Entre varios significados, destaca como el Ministro que preside y manda en un tribunal, junta o comunidad eclesiástica.

Prelado. Del latín que significa *puesto delante*. Es un superior eclesiástico constituido en una de las dignidades de la iglesia católica como abad, obispo, etcétera.

Santo Oficio o Inquisición. Denominado así porque ese es su nombre oficial, no porque sea santo realmente, es decir, su designación oficial es la de *Sagrada Congregación del Santo Oficio*, mismo que sustituye al de *Congregación de la Curia Romana*, llamada actualmente *Sagrada Congregación de la Doctrina de la Fe* y su principal función consiste en velar por la integridad de la fe cristiana.

Seminario conciliar. Aquel que está destinado a los jóvenes que se dedican al estado eclesiástico. Desde el siglo XII el clero se educaba, principalmente, en las recién creadas universidades, al estudiar carreras de Filosofía, Humanidades, Teología y otras. Al finalizar estos estudios, los sacerdotes eran ordenados. Hasta la contrarreforma no se piensa en la creación de centros especializados para la reforma eclesiástica, el plan fue propuesto por el cardenal Reginaldo Polo en el Concilio de Trento y aprobado en la sesión XXIII del 15 de julio de 1505.

Xenofobia. De las raíces griegas *xénos*, forastero, extraño o extranjero y *fobia*, miedo, temor u odio. Es el odio y temor a los extranjeros

Libros de consulta

Carpi, Pier. *Las profecías del Papa Juan XXIII.* Ediciones Martínez Roca, S. A. España, 1977.

Diccionario Enciclopédico Vox, Lexis 22. Círculo de Lectores, S. A. España, 1976.

Gómez Pérez, Marco Antonio; Domínguez, Francisco; Guzmán Rojas, Carlos A. Díaz Vargas, Yohanan. *Las profecías del ¿Juicio Final?* Grupo Editorial Tomo, S. A. de C. V. México, 1999.

http://www.vatican.va

Revilla, Federico. *Genios y líderes de la historia.* Volumen IX. Ediciones Moretón, S. A. Edición especial para Promociones Editoriales Mexicanas, S. A. de C. V. México, 1980.

Revista *Año Cero.* Números de noviembre- 1993 / Diciembre-1994 / Agosto, septiembre y noviembre- 2000. Editorial América Ibérica. España.

TÍTULOS DE ESTA COLECCIÓN

Alejandro Magno
Buda
Confucio
Che Guevara
Cristóbal Colón
Dante
Gandhi
Hitler
Jesús
Juan Diego
Juan XXIII
Julio César
Leonardo Da Vinci
Mahoma
Miguel Ángel
Napoleón
Pancho Villa
Pitágoras
San Francisco de Asís
Shakespeare

NOTAS

NOTAS

Este libro se terminó de imprimir
en los talleres de Castillo
y Asociados Impresores,
Camelia 4, col. El Manto,
México, D.F.